REGIE IM THEATER

Über das Buch Harry Kupfers Operninszenierungen provozieren in der Regel heftige ›Glaubenskämpfe‹, das Contra schreit ›Werkmißbrauch‹, und das Pro akklamiert Aktualisierung. Beide Seiten versäumen es in ihrem (Vor-)Urteil nachzuprüfen, ob dem jeweiligen Werk auf dem Theater zu seinem Recht verholfen wird oder ob es sich um eine Fälschung, ein ›Falschspielen‹ handelt; den besten Beweis für die mangelnde Sachkenntnis bietet die Enttäuschung, worin sich die gegnerischen Parteien verbünden, wenn die Sensation augenscheinlicher Aktualisierung ausbleibt.
Harry Kupfer, geboren 1935 in Berlin, gehört zu den wichtigsten Opernregisseuren der Gegenwart. Im Mittelpunkt seiner Regiearbeit steht neben seiner konstanten Auseinandersetzung mit den Werken Händels, Mozarts und Wagners die Beschäftigung mit zeitgenössischer Opernproduktion.
Rupert Lummer hat die Gespräche mit Harry Kupfer, einigen seiner Mitarbeiter sowie dem Dirigenten Gerd Albrecht und dem Komponisten Aribert Reimann zu einem informativen Porträt des Regisseurs zusammengestellt. Der Band enthält außerdem zwei einander ergänzende Essays und ein ausführliches Inszenierungsverzeichnis.

Der Autor Rupert Lummer, Jahrgang 1953, studierte Theaterwissenschaft, Literaturwissenschaft und Philosophie an den Universitäten Berlin und München sowie Opernregie bei Günther Rennert an der Musikhochschule München. Er war Feuilletonmitarbeiter und Regieassistent und arbeitet zur Zeit als freier Regisseur.

REGIE IM THEATER

Herausgegeben von
Claudia Balk

RUPERT LUMMER

HARRY KUPFER

Fischer
Taschenbuch
Verlag

Theater Funk Fernsehen
Eine Reihe des Fischer Taschenbuch Verlags

Originalausgabe
Veröffentlicht im Fischer Taschenbuch Verlag
Frankfurt am Main, September 1989

Konzeption: Claudia Balk, Ulli Stephan
Lektorat: Susanne Wolfram
Umschlaggestaltung: Manfred Walch, Frankfurt am Main
Foto (Vorderseite): Ruth Walz, Porträt Harry Kupfer
Foto (Rückseite): Bayreuther Festspiele GmbH/Rauh,
Der Ring des Nibelungen: Das Rheingold, Bayreuth 1988
Satz: Fotosatz Otto Gutfreund, Darmstadt
Druck und Bindung: Clausen & Bosse, Leck
Printed in Germany
ISBN 3-596-27129-0

Inhalt

Eberhard Schmidt
Harry Kupfer – Opernregisseur
Eine biographische Skizze

Oper ist sein Leben. So lapidar könnte man Harry Kupfers Existenzweise bezeichnen. Das ist zunächst ganz äußerlich zu verstehen. Es scheint fast, als habe er kein Privatleben. In seiner Wohnung findet man sich selten ohne Arbeitsgründe ein. Und wenn er sich nicht gerade im Theater aufhält, verschlägt ihm ein Telefon das Theater an den häuslichen Schreibtisch.

Oper ist sein Leben. Dieser Satz trifft auch auf die Kontinuität seiner Arbeit zu. Während er ein Werk inszeniert, arbeitet er zwischen den Proben das nächste aus. Ein drittes, meist noch ein viertes, fünftes, sechstes bewegt er bereits im Kopf; manchmal dauert es Jahre, bis sie nacheinander ausreifen und von ihm ihr Bühnenleben erhalten.

Oper ist sein Leben. Das gilt vor allem in geistiger Hinsicht. Operninterpretation sieht Kupfer als die ihm gemäße Möglichkeit an, sich vor öffentlichem Auditorium mit der Welt und dem Menschen in ihr auseinanderzusetzen, über das Verhältnis von Geschichte und Gegenwart nachzudenken, sich über politische und philosophische Probleme klarzuwerden. Was ein Dichter, ein Schriftsteller in Sprache ausdrückt, formuliert Kupfer in musiktheatralischen Vorgängen auf der Bühne. Sie sind so etwas wie seine Muttersprache. In ihnen vergegenständlicht er seine Ansichten, seine Zweifel und Gewißheiten, seine Verzweiflungen und Hoffnungen. Selbstverständlich kann damit bei einem Künstler seines Ranges nicht die Orientierung an den kleinen und großen Problemen seines privaten Alltags gemeint sein; sie müßte zum Provinzialismus führen. Er hält nichts davon, andere Leute damit zu belästigen. Ihm geht es um weltanschauliche Fragen. Diese in den mehr oder weniger individuellen Geschichten, welche er als Opernregisseur zu Bühnenereignissen formt, aufzuspüren und aus ihnen hervorscheinen zu lassen, macht einen wesentlichen Teil seiner Kunst aus. Dementsprechend gelten ihm Opernhandlungen als Modellspiele. In ihnen spiegeln sich Weltzustände, Ordnungsgefüge, die immer neu die komplizierten Wechselbeziehungen von Individuum und Gesellschaft, die Konfrontation von Idealität und Realität im Zusammenleben der Menschen darstellen. Solche Modelle kritischen Blicks durchzuspielen, sie ins Verhältnis zur Gegenwart zu setzen, ist sein Opernalltag.

Harry Kupfer, Jahrgang 1935, gehört zur Generation derer, die in ihrer Kindheit tiefgreifende Prägungen durch Krieg und Nachkriegszeit erfuhren. Vieles vom schweren Leben im zerbombten und zerschossenen Berlin, von den existentiellen Problemen der einzelnen, von den Auswirkungen der politischen und gesellschaftlichen Umbruchsituation war dem Jungen ganz gewiß nicht bewußt geworden, hatte sich aber so fest in seinem Unterbewußtsein verhakt, daß davon später das Weltbild des Regisseurs wesentlich mitgeformt wurde. Anstöße für den Berufswunsch kamen aus dem Bereich des musikalischen Theaters. Zuerst waren es die Aufführungen einer in Kinos auftretenden Operntruppe, die ihm einen Erlebnisbereich aufschlossen, von dem er bisher nichts geahnt hatte, den er aber nun ständig suchte. Als Zwölfjähriger erlebte er *Madame Butterfly* mit dem Ensemble der Deutschen Staatsoper, als Sechzehnjähriger – nach vielem anderen –

Tristan und Isolde. Seitdem war er an das musikalische Theater ›verloren‹ und wußte, daß er ›Oper machen‹ würde.
Seine Entwicklung dahin verlief geradlinig, ohne Umwege, Rückschläge oder überraschende Wendungen. Dem Studium der Theaterwissenschaft (eine Ausbildung für Opernregie gab es noch nicht) in Leipzig folgte 1957 das erste Engagement als Regieassistent in Halle, wo er nach weniger als einem Jahr bereits mit einer eigenen Inszenierung (Dvořáks *Rusalka*) debütieren durfte. Deren gutes Gelingen öffnete ihm den Weg in die Oberspielleiter-Position der Sparte Oper am Theater Stralsund. Verantwortung für das Ensemble und dichte Premierenfolge mit durchweg anspruchsvollen Werken (darunter schon drei von Mozart, je eines von Händel, Wagner und Richard Strauss sowie zeitgenössische Opern) waren für den auf sich gestellten Regieneuling eine harte, aber auch schöne und ergebnisreiche Schule.
1962 wurde Carl Riha auf ihn aufmerksam und verpflichtete ihn nach Karl-Marx-Stadt. Dort hatte der erfahrene, aus der Felsensteinschule hervorgegangene Regisseur als Operndirektor erfolgreich versucht, die durch seinen Lehrer unter den Idealbedingungen der Komischen Oper in Berlin entwickelte Methode des realistischen Musiktheaters auf die völlig anders gearteten Verhältnisse eines städtischen Mehrspartentheaters anzuwenden. Unter seiner behutsamen Führung hatte Kupfer vier Jahre lang beste Gelegenheit, in relativer Ruhe das selbst Erreichte zu überprüfen, zu festigen, auszubauen. Seine Repertoireerfahrungen erweiterten sich, und er lernte viel über Ensembleleitung dazu. Bis heute kommentiert er sein damaliges Verhältnis zu Riha, den er seinen wichtigsten Lehrer nennt, mit Dankbarkeit und Achtung für dessen künstlerische Toleranz und verständnisvolle Förderung und Hilfe.
Ausgestattet mit den Erfahrungen aus bereits achtundzwan-

zig Inszenierungen und den ensemblepraktischen aus zwei Theatern, folgte Kupfer 1966 einem Ruf nach Weimar und wurde Operndirektor des Deutschen Nationaltheaters. Hier dominierte seit langer Zeit das Sprechtheater, dessen Leistungen auch überregional beachtet wurden. Es verfolgte begreiflicherweise ein stark auf die deutsche Klassik und Shakespeare orientiertes Konzept und interessierte besonders durch eine von den Erfahrungen des Ensembles im Umgang mit den Theorien Brechts geprägte Spielweise. Kupfers beharrlicher Arbeit gelang es in den sechs Weimarer Jahren, dem Schauspielrepertoire ein ebenso gewichtiges der Oper an die Seite zu stellen und sein Ensemble zu Leistungen zu führen, die denen des Sprechtheaters in nichts nachstanden, sie gegen Ende womöglich übertrafen.

Im Frühjahr 1972 übernahm Kupfer als Operndirektor und Chefregisseur die künstlerische Leitung der Staatsoper Dresden. Der Zustand der Opernarbeit an diesem auf seine Traditionen stolzen Institut, das in der Vergangenheit wichtige Perioden der deutschen und europäischen Operngeschichte mitgeprägt hatte, forderte seinen ganzen Einsatz. Er mußte Oper überhaupt erst als theatralische Gattung durchsetzen. Das Ensemble dafür zu gewinnen war eine Seite, eine Umschichtung des weitgehend konservativen Publikums zu erreichen die andere. Für Kupfer stand von Anfang an fest, daß beides nur über die künstlerische Qualität und Durchsetzungskraft seiner Aufführungen bewirkt werden könne. Zusammen mit dem Leiter der Oper und späteren Generalintendanten Horst Seeger, der Kupfer vieles von dessen administrativen Aufgaben abnahm, verfolgte er eine Strategie, die der Staatsoper Dresden innerhalb weniger Jahre ein neues künstlerisches Profil gab, und gewann ihr so viel von ihrer einstigen internationalen Geltung zurück, daß das Ensemble seit etwa 1975

alljährlich zu wichtigen Auslandsgastspielen geladen wurde.
Nicht zufällig hatte Kupfer während seiner Studienzeit sein nachhaltiges Felsenstein-Erlebnis. War ihm ursprünglich durch vorwiegend emotional orientierten musikalischen Enthusiasmus der Blick für die spezifischen Qualitäten von Inszenierungen des großen Regisseurs geradezu verstellt, so entdeckte er diese nun – nach entwickelter Einsicht in die szenischen Belange des Theaters – als wesentlich auch für sein Opernverständnis. Es genügte ihm nicht mehr, wenn auf der Bühne lediglich schön und gut gesungen wurde, vielmehr faszinierte ihn Felsensteins Vermögen, Singen und Handeln seiner Darsteller, als die einander bedingenden Ausdruckselemente des wirklichen Opernsängers, im dramatischen Vorgang zu integrieren.
Kupfers Bestreben, auf der Bühne differenzierte und bis ins Detail glaubwürdige Figuren zu formen, leitet sich daraus her und fiel schon bei seinen ersten Inszenierungen auf. Seine eminente Begabung für die szenische Führung von Chören, deren Individualisierung zu einem Ensemble von zusammenwirkenden Einzelcharakteren, wurde ebenfalls bereits in Stralsund bewundert. Dort aber mußte er sich auch sagen lassen, daß bei ihm »lauter kleine Kupfers« die Bühne bevölkerten. Die Fähigkeit, dem Sänger ein großes Maß eigener Mitarbeit am Aufbau seiner Figur und ihres Charakters zu ermöglichen, statt ihn zu dressieren, erwarb sich Kupfer in einem über mehrere Jahre reichenden Selbsterziehungsprozeß.
Die Beschäftigung mit zeitgenössischen Werken, besonders aber die Gespräche mit dem Komponisten Jean Kurt Forest, ließen ihn erkennen, wie unterschiedlich das Verhältnis von Musik und Text, von Musik und Szene zu handhaben ist. Er begann, die Möglichkeiten des dialektischen Zusammenwir-

kens der an der Oper beteiligten Elemente zu erkunden. Damit verband sich seine Abwendung von einem auf emotionaler Überspannung beruhenden Gesangs- und Darstellungsaktionismus, den er seitdem selbst ironisch »Dampftheater« nennt. Folgerichtig befaßte er sich in dieser Phase intensiver mit Brechts Theatertheorie, die ihm bisher fremd und verschlossen geblieben war, obwohl er die Inszenierungen des Regisseurs Brecht am Berliner Ensemble stets sehr bewundert hatte. Interessante Beobachtungen in Aufführungen des Brecht-erfahrenen Schauspielensembles am Weimarer Deutschen Nationaltheater gaben neue Anregungen in gleicher Richtung. Bald schon ließen sich denn auch Stimmen vernehmen, die Kupfer die Vermischung der Inszenierungsmethoden Brechts und Felsensteins wie ein Sakrileg vorwarfen.

Bereits in der Weimarer Periode zeichnete sich ab, was für Kupfers Interpretationen charakteristisch bleiben sollte: Vertrautes unter ungewöhnlichem Blickwinkel vorzuführen und so zu ungewohnter neuer Wirkung zu bringen. Seine *Entführung* beeindruckte durch ihre ungemeine Nähe zu Goethes *Iphigenie* und Lessings *Nathan*. Der Gefangenenchor seines *Fidelio* gemahnte beklemmend an das naheliegende ehemalige Konzentrationslager Buchenwald, und das Finale des zweiten Aktes setzte eine durch ›deus ex machina‹ heraufbeschworene und durch das Theater als denkbar behauptete Utopie ins Bild. *Madame Butterfly* stellte Kupfer mit vollständigem Bühnenbild in die dem Publikum noch bekannte Großstadt-Dekoration von Forests (zwei Jahre vorher aufgeführten) *Die Blumen von Hiroshima*. Für Händels *Alcina* verzichtete er bereits auf die landläufig noch praktizierte Durchtextierung der Arien und fand in den originalen, musikalisch vielfältig strukturierten Textwiederholungen Möglichkeiten für differenzierte Ausfaltungen der Charaktere und ihres

Handelns. Verdis *Falstaff*, dessen Titelfigur Kupfer nicht nur mit gargantuesker Sinnenfreude, sondern gleichzeitig mit intelligenter Lebenskunst und einer philosophisch zu nennenden Heiterkeit ausstattete, wurde zum Ereignis der Shakespeare-Tage 1972.

Hatte Kupfer in seinen Weimarer Inszenierungen bei aller anrührenden Personenführung noch vordringlich die Akzentuierung objektiver geschichtlicher bzw. gesellschaftlicher Aspekte verfolgt und dabei gelegentlich das Bühnenbild den Grundgestus der Inszenierung bestimmen lassen, war ihm für die individuelle Gestaltung der Figuren neben dem musikalischen der physiognomische Ausdruck ein sehr wesentliches Darstellungsmittel gewesen, so entwickelte er in Dresden eine zunehmend reichere Auffächerung der subjektiven Seiten im Figurenverhalten. Er erarbeitete allmählich ein umfangreiches gestisches Material mit seinen Sängern, das die Empfindungs- und Geisteswelt der Operngestalten deutlicher, vielseitiger und sinnfälliger nach außen wenden konnte. Die grundlegende Funktion des handlungsorientierten Singens wurde dabei nicht vernachlässigt.

Kupfers Fähigkeit, den vielfältigen Zusammenhang von Musik und Szene sinnfällig zu machen, auch schwierig zu rezipierende musikalische Gebilde minutiös für den Bühnenvorgang zu erschließen und dem Zuschauer selbst dann eine erlebnishafte Begegnung mit einem Werk zu ermöglichen, wenn dessen ungewohnter Klang allein sie scheitern lassen würde, gelang es, Opern der Gegenwart fest im Repertoire zu verankern. Das bedeutete für Weimar, dem zeitgenössischen Schaffen durch Beharrlichkeit einen Platz zu erobern, das bedeutete für Dresden, neue Opern nicht als Ausnahmevorstellungen, sondern nach gleichem Modus und mit gleichen Ansetzungszahlen wie überlieferte Werke zu spielen.

In der Dresdner Spielplanung verfolgte Kupfer unter anderem einige thematische Linien über Jahre. Hervorgehoben sei ein Komplex, der in dieser, durch ihre Geschichte bis heute immer von einem Ensemble der Künste geprägten Stadt, als besonders relevant gelten konnte und auch außerhalb des Theaters einen wohlbestellten Boden hatte: die Beziehungen

Der Schuhu und die fliegende Prinzessin, Dresden 1976

zwischen Kunst und Realität, zwischen Künstler und Gesellschaft. Tannhäusers Künstlerrevolte, vom Regisseur als individualistisch und ziellos anarchisch charakterisiert, stand ebenso in diesem Zusammenhang wie der Anspruch des Dichters Hoffmann auf ein auch menschlich erfülltes Leben, den Kupfer ausdrücklich als berechtigt akzentuierte, indem er

den Verzicht auf Liebe zugunsten des Aufgehens in der Kunst nicht (wie noch Felsenstein) als Lösung akzeptierte. Und die Kunst wurde sogar selbst Gegenstand der Oper in Udo Zimmermanns *Der Schuhu und die fliegende Prinzessin*, wo Komödianten ihre Erfahrungen und Lebenserwartungen in eine Märchenparabel fassen, die sie selbst spielen. Kupfer inszenierte sie als liebenswerte Clowns, die sich von ihren selbst erdachten Geschöpfen so anrühren ließen, daß die beständige Wechselwirkung das Werk geradezu für den gesamten hier angesprochenen Themenkomplex modellfähig machte. Aber nicht die Kunst- und Künstlerproblematik selbst gab diesen Aufführungen Gewicht, sondern der inszenatorisch herausgearbeitete übergreifende Aspekt, der Künstlerschicksale lediglich als Sonderfälle von in erster Linie menschlichen Schicksalen zur Geltung brachte.
Die durch seine Arbeit allmählich sicher fundierten Kunstleistungen seines Ensembles ermöglichten Kupfer schließlich, auch als schwierig und elitär geltende Gipfelwerke aus der ersten Hälfte unseres Jahrhunderts auf ihre Eignung für sein Theaterkonzept zu untersuchen. *Pelleas und Melisande* etwa ließ die Liebe der beiden Titelfiguren als zwar stilles, doch unabweisbares Aufbegehren gegen eine sich als Exil des Menschlichen verstehende, tatsächlich aber dumpf dahindämmernde und dennoch unerträgliche Zwänge setzende Umwelt erlebbar werden. Die scheinbar so rätselvolle Oper enthüllte sich als ein Gebilde von zwingender Folgerichtigkeit. Kupfer demonstrierte damit eindrucksvoll, daß auf dem Theater Blickwinkel und Standpunkt des Interpreten darüber entscheiden, ob man in diesem und ähnlichen dunkelsinnigen Werken ein blindes Schicksal walten sieht oder Beweggründe für Verhaltensweisen begreifen kann und ein Drama erlebt, dessen Gehalt sich nicht nebelhaft verflüchtigt.

Pelleas und Melisande, Dresden 1978
Reiner Goldberg (Pelleas), Nelly Ailakowa (Melisande)

Die wohl wichtigste Dresdner Arbeit Kupfers war die aufsehenerregende DDR-Erstaufführung von Schönbergs *Moses und Aron*. Dieses in jeder Hinsicht höchste Anforderungen an Interpreten wie Publikum stellende Meisterwerk, allzuoft als religiöses und oratorisches Stück mißverstanden, geriet dem

Regisseur zu einem großen weltanschaulichen Drama um die komplizierten Probleme der Wechselbeziehungen zwischen Theorie und Praxis gesellschaftlichen Handelns und setzte ins Bild die Schwierigkeiten, ein Volk aus tiefster Knechtschaft in eine noch unüberschaubare Freiheit führen zu können, die wiederum nur aus den Mühen des Alltags heraus und mit den unvollkommenen Menschen dieses Volkes lebenswert gestaltet werden kann. Kupfer erkannte die im Fragmentarischen des nicht zufällig unvollendet gebliebenen Werkes manifest gewordene geschichtliche Wahrheit, daß der in den Titelfiguren personifizierte Widerspruch zwischen Ideal und Wirklichkeit nicht lösbar ist, und unternahm deshalb keinen Versuch, den nicht komponierten dritten Akt durch eine der andernorts verschiedentlich praktizierten Schlußvarianten zu ersetzen. Angesichts der hohen Ansprüche an das Rezeptionsvermögen war der breite und anhaltende Erfolg von *Moses und Aron* verblüffend: Obwohl nicht durch das Abonnementsystem abgesichert, erreichte die Inszenierung eine Rekordzahl von rund vierzig ausverkauften Vorstellungen.

Kupfers künstlerisches Vermögen hatte sich in Dresden schnell zu souveräner Meisterschaft entwickelt. Handwerkliche Schwierigkeiten und Probleme gab es für ihn nicht mehr. Mit außergewöhnlicher Phantasie verstand er, selbst schwierigste gedankliche oder philosophische Abstraktionen – Ergebnisse gründlicher analytischer Durchleuchtung der Werke – in sinnfällige Aktionen und dramatische Bilder der Opernbühne umzusetzen. Die Berufung zum Chefregisseur der Komischen Oper in Berlin (als zweiter Regienachfolger Felsensteins nach Joachim Herz) hatte Folgerichtigkeit. Kupfer war tatsächlich der einzige, der nach Methode, Gesinnung und künstlerischem Niveau als Fortsetzer dessen in Frage kam, was der Gründer dieses Theaters begonnen und in exem-

plarischen Aufführungen zu nachhaltiger Wirkung gebracht hatte. Ohne je unmittelbarer Schüler Felsensteins gewesen zu sein, ohne sich auf dessen Theaterkonzept zu beschränken, freilich auch ohne den mittelbaren Einfluß des großen Regisseurs zu leugnen, hatte er die Methode des realistischen Musiktheaters so persönlich anzuwenden und zu modifizieren verstanden, daß er nie in die Gefahr epigonalen Nachtrabs geraten war. Man durfte also sicher sein, daß die von ihm erwartete Fortsetzung des Felsensteinschen Theatermodells in einem neuen Geist erfolgen und für Entwicklungen offen sein würde. In solchem Sinne kann man Kupfers Antrittsinszenierung der *Meistersinger von Nürnberg* als einen bekenntnishaften Einstand verstehen. Die Gleichnisebene seiner Inszenierung zielte darauf ab, daß Tradition nur in ihren Wandlungen, das heißt aus jeweils neuer Gegenwart gespeist und auf sie gerichtet, lebendig bewahrt werden kann.
Man sagt, Kupfer nutze Felsensteins Methoden, um seinen Figuren den Anschein lebendiger Menschen zu geben, und er orientiere sich an Brecht, wenn er deren Handlungen bewertet und die übergreifenden politischen und historischen Zusammenhänge herausarbeitet, in denen sie stehen. Doch solche Schematisierung erfaßt nur die halbe Wahrheit: Es gibt kein mechanisches Nebeneinander der beiden Prinzipien, sie durchdringen einander ständig. Kupfer bringt sie zur Kooperation, ja zur Fusion; dies ist eine seiner grundsätzlichen Leistungen für das Metier. Konservative Felsenstein-Apologeten allerdings werfen ihm noch heute gelegentlich vor, daß er die Grundsätze des Theaters verraten habe, dessen künstlerischer Leiter er ist. Aber Kupfer ließ und läßt sich davon nicht beirren. Er erkennt keinerlei ästhetische Tabus an. Wichtig ist ihm das Ergebnis: daß seine Inszenierungen die geistige Substanz der Werke über die Rampe bringen, sowohl die Emotio-

Die Meistersinger von Nürnberg, Berlin 1981
Siegfried Vogel (Hans Sachs),
Günter Neumann (Stolzing),
Wolfgang Hellmich (Beckmesser)

nalität als auch die Intelligenz der Zuschauer ansprechen, Menschen der Gegenwart erlebnishaft berühren und wirklich angehen. Er ist überzeugt, daß Theater keine puristischen Ansprüche zu bedienen hat, von welcher Seite auch immer. Kupfer betreibt seine Kunst stets für Publikum, ohne freilich auf unproduktive Erwartungshaltungen einzugehen. Er strengt in der Regel die Strukturen der von ihm inszenierten Werke bis an die Grenzen ihrer Möglichkeiten an, um sie zu umfassendster Wirkung zu bringen, und erwartet von den

Zuschauern die unvoreingenommene Bereitschaft, dies im Opernerlebnis mitzuvollziehen, sich davon bewegen zu lassen. Die Klarheit seiner szenischen Fabeln gibt die Voraussetzung dafür.

Aus der Fülle der exemplarischen Berliner Inszenierungen ist zuerst der Mozart-Zyklus zu nennen, von dem Kupfer schon in Dresden träumte, der aber erst an der Komischen Oper Gestalt bekam. Die Idee dazu berücksichtigt, daß aus heutiger Sicht die fünf Wiener Hauptwerke des Komponisten die so verheißungsvoll begonnene, aber schließlich gescheiterte Reformpolitik des ›aufgeklärten Monarchen‹ Joseph II. nahezu kommentierend zu begleiten scheinen und stufenweise Mozarts sich verändernde Weltsicht zum Ausdruck bringen. Zeichnet die *Entführung* noch ein hoffnungsfrohes Bild vom Glauben an die wirkende Kraft humanistischer Ideale, so lassen die nachfolgenden Werke immer stärkere Zweifel und Ernüchterungen erkennen. Der *Figaro* stellt sich bereits dar wie eine kritische Analyse der unter ihrem ›aufgeklärten Herrscher‹ scheinbar so liberalen Gesellschaft. Im *Don Giovanni* treffen der sich selbst überlebende Komtur als Vergegenständlichung einer angeblich gottgewollten Ordnung und Giovanni als Inkarnation der mit ebenso extremem Anspruch dagegen rebellierenden, maßlosen, sinnenhaften Individualität unversöhnlich aufeinander. Die von der elementaren Auseinandersetzung verstörten Menschen des Normalmaßes unterwerfen sich um ihrer zweifelhaften Geborgenheit willen von neuem der restriktiven Konvention, statt mutig zu neuen, unerforschten Ufern aufzubrechen. Solcher Unfähigkeit zur Veränderung setzt *Così fan tutte* – wie ein im Laboratorium ablaufender Modellversuch dargestellt – die Frage entgegen, ob denn die Welt unter diesen Umständen nicht aus dem intimsten Bereich heraus zu humanisieren sei und beantwortet sie negativ. *Die Zauberflöte* schließlich versammelt in sich die Quintessenz der in den anderen Werken bereits durchleuchteten Widersprüche und Konflikte und richtet dennoch den Blick wieder auf die Zukunft. Ins Bild gerückt wird, daß die Ideen der Aufklärung ihre bewegende Kraft verloren haben. Hoffnungsträger sind nun die zwischen die Fronten von Restauration und deformiertem Liberalismus geratenen Figuren der nächsten Generation, Pamina, Tamino, aber auch der pragmatische Papageno.

Don Giovanni, Berlin 1987
Roger Smeets (Don Giovanni)

Die DDR-Erstaufführung von Aribert Reimanns *Lear* brachte das vielleicht aktuellste und rigoroseste Werk unserer Zeit auf die Bühne der Komischen Oper, und so faßte es Kupfer auch auf. Reinhart Zimmermanns Bühnenbild war nicht historisch fixiert, Beton und Plaste dispensierten Natur. Festgefügt schien dieser Lebensraum, doch die Betonplatten schwankten. Die Welt war bereits aus den Fugen, bevor Lear sein Reich aufgeteilt hatte. Kupfer erfand die Unteren dazu, auf deren Rücken die Oberen ihre Machtkämpfe austrugen, und integrierte sie wie Lemuren dem Boden. Lear geht durch alle Höllen, die eine solche deformierte Welt für die Machtlosen bereithält. Er verschließt sich der Wahrheit, bis er – auf den nackten und bloßen Menschen reduziert – doch noch zur Erkenntnis der eigenen Schuld an den heillosen Zuständen gelangt und, nun unfähig, noch etwas zur Rettung dieser Welt zu tun, sich selbst als sinnlos Gewordenes ausstreicht, buchstäblich, mit einem schwarzen Kreuz, das er durch sein Gesicht schreibt.
Der Mozart-Zyklus und *Lear* sind zwei Pole, zwischen denen Kupfer an der Komischen Oper sein großes und kleines Welttheater realisiert. Gleich den stellvertretend angeführten Beispielen inszeniert er alle Werke wie Angebote zu einer Diskussion über Lebensfragen: »Ich bin sehr dafür, daß man sich im Theater produktiv streitet. Ein Opernhaus ist kein Tempel, man soll da ja und nein sagen dürfen.«
Seit dem Dresdner Jahrzehnt richtete sich zunehmend die Aufmerksamkeit von Opernhäusern außerhalb des Landes auf Kupfer. Seine internationale Gastspieltätigkeit hat inzwischen umfangreiche Regelmäßigkeit erlangt. Absolute Höhepunkte und außergewöhnliche Bewährungsproben bedeuteten die Inszenierungen des *Fliegenden Holländer* (1978) und des *Ring des Nibelungen* (1988) im Festspielhaus Bayreuth.

Dessenungeachtet ist ›künstlerische Seßhaftigkeit‹ charakteristisch für den Vielgereisten. Seit seiner Tätigkeit als Operndirektor in Weimar war er sich klar über den Vorzug, einen festen Wirkungsort zu haben, mit einem Ensemble ständig zu arbeiten und gemeinsam mit diesem seine Vorstellung von Oper zu realisieren und seinen Adressaten, das Publikum in seiner ganzen Vielfalt, mit einem zusammenhängend und breit gefächtert zur Verfügung stehenden Repertoire seiner Hand aufzuschließen, aber auch als ständigen kritischen Partner zu spüren. Mit Brecht mag man in solchem Zusammenhang durchaus von Entwicklung der Zuschaukunst reden.

So gesehen haben seine über Europa ›verstreuten‹ Gastinszenierungen wie er selbst an seinem Heimat-Theater ihre künstlerische Basis. Und in dem dort en bloc vorhandenen Teil seines Œuvre finden sich auch die außerhalb gewonnenen Einsichten und Anstöße auf diese oder jene Weise wieder. Aber weil er weder Moden nachläuft noch seine Ideen dem Umfeld des jeweiligen Gasttheaters opportunistisch anpaßt, ist der Anteil der gegenseitigen Einflüsse im Detail nicht ohne weiteres dingfest zu machen. Freilich wäre solches auch von ziemlich untergeordnetem Interesse angesichts der grundsätzlichen Haltung, die der Regisseur zu der von ihm vertretenen Kunstgattung einnimmt. Er wird von Erfolg begleitet, und er liebt ihn durchaus, aber er ist besonders glücklich, wenn es im Zuschauerraum kontrovers zugeht, wenn er das Gefühl haben kann, dort ›angekommen‹ zu sein. Denn da er wohl weiß, daß ein Kunstwerk die Welt nicht unmittelbar verändern kann, zielt er darauf, die vielen einzelnen im Publikum dazu zu bewegen, anhand ihrer Kunsterlebnisse immer wieder neu über ihre Existenz und das Zusammenleben der Menschen auf diesem gefährdeten Stern nachzudenken.

Eberhard Schmidt, geboren 1934 in Oberhof, studierte an der Musikhochschule in Weimar und an den Universitäten in Jena und Leipzig. Er war von 1963 bis 1972 Musikdramaturg am Nationaltheater in Weimar, von 1972 bis 1981 Operndramaturg und künstlerisch-wissenschaftlicher Mitarbeiter von Harry Kupfer an der Staatsoper in Dresden, und in gleicher Funktion ist er seit 1981 an der Komischen Oper in Berlin engagiert. Neben seiner pädagogischen Tätigkeit an der Musikhochschule in Berlin publizierte er über Fragen der Operninterpretation, verfaßte Libretti und schuf mehrere Neuübersetzungen klassischer Opernwerke.

Gespräch mit Harry Kupfer und Eberhard Schmidt
Die Kunst mit der Wirklichkeit konfrontieren

Rupert Lummer: Seit nunmehr über fünfzehn Jahren arbeiten Sie kontinuierlich im Osten und im Westen. In Ihren Inszenierungen »gilt es nicht nur der Kunst«, sondern explizit unserer Wirklichkeit. Wie gelingt diese Wanderung zwischen den Welten, muß man dabei nicht mehr in Betracht ziehen als nur die Kunstwerke?
Harry Kupfer: Da oder dort zu arbeiten, macht im Grunde keinen Unterschied. Man hat eine Weltanschauung, und die ändert sich doch nicht mit dem jeweiligen Aufenthaltsort. Die Welt ist nun einmal so eingerichtet, daß die Sonnen- und Schattenseiten recht gleichmäßig verteilt sind, auf der einen oder der anderen Seite in jeweils modifizierter Form; aber die grundsätzliche Meinung, die man zur Welt haben kann, die Zweifel, die Kritik, die Vorschläge, die Utopien, die treffen beide. Für mich gibt es grundsätzlich nicht die Überlegung: Wo mache ich das Stück? Es ist oft passiert, daß ich das gleiche Stück hier und dort inszeniert habe, trotzdem blieb es dasselbe. Gut, man muß auf das Umfeld Rücksicht nehmen, darauf wie das Publikum bestimmte Zeichen begreift; bestimmte Bilder werden an einem Ort anders verstanden als am anderen.
Lummer: Sie sprachen von lokal unterschiedlichen Bedingungen wie beispielsweise der Bilderflut, die im Westen auf die Menschen einstürzt und deren konkrete Wahrnehmungs-

fähigkeit verändert, während andernorts Bilder noch deutlicher wirken können. Hat dieser Unterschied nicht auch mit einer Tradition, einer Schule des Sehens zu tun, die im Musiktheater der DDR stärker ausgeprägt ist als im Westen? Beispielsweise stieß das Gastspiel der Komischen Oper mit Ihrer *Zauberflöten*-Inszenierung in Wien auf massives Unverständnis, weil das Publikum dort einen anderen Umgang mit der Oper, besonders aber mit der *Zauberflöte*, gewohnt ist.

Kupfer: Solche Erscheinungen hängen auch damit zusammen, wie das ganze Theaterumfeld aussieht, das bei uns hier – neben anderem – von der Beschäftigung mit Brecht und der Verfremdungstheorie stark geprägt wurde. Das Wiener Beispiel ist meiner Meinung nach nicht sehr zutreffend, weil die Leute, die da protestiert haben, die konservativen Opernbesucher waren, die ja grundsätzlich nicht über Inhalte der Opernkunstwerke nachdenken wollen.

Eberhard Schmidt: ... und die letztlich hier auch protestieren. Das sind die Teile des Opernpublikums, die sich immer auf die Musik herausreden und letzten Endes überhaupt nicht interessiert sind an dem, was eigentlich hinter deren äußeren Erscheinungsformen steckt.

Lummer: Danach lag es also nicht an der speziellen Form der Darbietung oder an der Art zu inszenieren?

Kupfer: Nein.

Lummer: Müßte man nicht die unterschiedlichen Produktionsbedingungen hier miteinbeziehen?

Kupfer: Die unterscheiden sich sehr in ihrem besonderen Status, der an der Komischen Oper geschaffen wurde. Man kann hier eben so lang probieren, wie man es für nötig hält, während das im Westen doch sehr stark limitiert ist. Auf mich trifft das inzwischen nicht mehr zu, weil ich mir die Produktionsbedingungen an anderen Häusern aussuchen kann. Ich inszeniere eine Oper nur dann, wenn man mir ausreichend Probenzeit zur Verfügung stellt. Das war in der Anfangszeit, als ich noch unbekannt war, schon schwieriger, trotzdem habe ich immer, ob das in Graz, in Kopenhagen oder in Amsterdam war, mindestens sechs Wochen bis zwei Monate für eine Inszenierung bekommen. Und bei Angeboten, die ich für unmoralisch hielt – zum Beispiel in drei Wochen die *Carmen* oder den *Freischütz* zu inszenieren –, habe ich geantwortet: »Dann mache ich eben den ersten Akt, und den Rest spielen Sie konzertant!« Damit unterblieb mein Engagement.

Schmidt: Wenn ein Werk so anspruchsvoll ist, daß es eine längere Produktionszeit als die normal mögliche braucht, muß man es richtig organisieren. Zum Beispiel hat der Chor für *Moses und Aron* in Dresden ein Jahr vor der Premiere angefangen zu probieren, damit wir zwischendurch noch andere Produktionen herausbringen konnten. Das ist eine reine Planungsfrage, wie in Weimar und Dresden bewiesen werden konnte.

Kupfer: Häufig ist es ja auch so, daß sich Regisseure gar nicht länger als drei Wochen Zeit nehmen für eine Produktion. Sie wähnen, auf diese Weise besser im Geschäft zu bleiben und noch mehr Geld zu verdienen. Aber es liegt ja an einem selbst, ob man ein Vermögen oder Kunst machen will.

Lummer: Sie haben festgestellt, daß sich Ihre Interpretationen aufgrund eines eigenen Weltbildes und einer bestimmten Sicht der Dinge nicht von Ort zu Ort unterscheiden. Im Kontext Ihrer *Tannhäuser*-Interpretation haben Sie darüber hinaus über die gesellschaftliche Wirkung von Kunst nachgedacht; sie schrieben: »Warum sind die großen Revolutionen der Welt siegreich gewesen? Es gab nicht nur ein Wogegen, sondern auch ein Wofür! Auch für mich als Künstler ist das die entscheidende Frage: Wofür macht man etwas? Auch wenn ich auf der Bühne provoziere oder vom Sockel hebe, zerstöre, in Frage stelle, muß immer die Frage des Wofür mitbeantwortet werden.«[1] Wie beantworten Sie diese Frage nach dem »Wofür«, läßt sich das konkretisieren?

Kupfer: Das ist sehr schwierig, ich kann jetzt im Gespräch die Welt nicht so entwerfen, wie ich sie gerne hätte. Sie wird bestimmt nicht so werden, denn was ich mir vorstelle, ist eine glatte Utopie. Ausgehend von den Realitäten, muß man doch nach der einen oder anderen Möglichkeit für ein friedliches Miteinander auf diesem Stern suchen und endlich einsehen, daß dieser blödsinnige, fanatische Kampf zwischen Ansicht und Ansicht zu den meisten Fehlzündungen, Verhärtungen und Katastrophen geführt hat und immer noch führt. Mit dem *Tannhäuser*-Beispiel ging es mir in meiner Äußerung um die Frage des Anarchismus. Dieses ›Nur-zerstören‹ und ›Nur-dagegen-sein‹ ist ja weithin auch in die Kunst hineingetragen worden: Jedes Stück wird in die Pfanne gehauen, Hauptsache es bleiben Trümmer übrig und es wird bewiesen, daß alles, die Gattung wie die gesamte Kunst, sinnlos sei wie die Welt auch. Aber letztendlich geht doch Kunst darauf aus, daß man mit Utopien und Modellen spielt und arbeitet. Sie kann eigentlich nur Vorschläge bieten, immer dieses Stückchen ›dennoch‹ gegen die Widersprüche in der Welt zu setzen. Darüber hinaus etwas als unumstößlich festzulegen, wäre schon wieder so ein ›-ismus‹, so ein fanatischer Zug, der meinen Gegenpart herausfordern würde, dagegen zu setzen: »Ich sehe die Welt so, und so hat sie zu sein, alles andere mache ich nieder!« Aber die Welt, das Leben und die gesellschaftlichen Formen sind außerordentlich vielfältig – nur stimmen sie bisher alle nicht. Was es gibt, sind Annäherungswerte für das Miteinander-Leben, und die muß man immer wieder untersuchen und befragen. Die Kunstwerke und die großen Künstler, die wir interpretieren dürfen, haben doch immer wieder Entwürfe – oder nennen wir es Utopien, Modelle – geliefert, die es zumindest wert sind, einmal durchgespielt zu werden.

Schmidt: Es ist doch auch gar nicht möglich, einen Entwurf zu geben, der eine große Realitätsgenauigkeit für die Zukunft hat. Man kann nur versuchen, Tendenzen herauszuarbeiten, die darauf zielen oder zielen sollten, die Welt menschenwürdig zu bewohnen.

Kupfer: Dabei bleiben noch genügend Konflikte und Widersprüche, und man sollte diese so in den Griff bekommen, daß man sich nicht gegenseitig ausrottet. Da wir sehr viele sind auf diesem Stern, muß es eine Art von Organisation des Zusammenlebens geben, die durch gewisse Formen von Ordnung garantieren sollte, daß der einzelne sich individuell realisieren kann, ohne vom anderen daran gehindert zu werden. Das bedeutet aber Verzicht auf einen Teil des Individuellen zugunsten des Gesamten, das wiederum auch mein Stück individueller Freiheit garantieren soll. Dieses Spiel zwischen Individuum und den gesellschaftlichen Organisationsformen ist das ganze Leben. Es ist die Frage, vor der wir immer stehen, und noch immer scheinen die gesellschaftlichen Organisationsformen letztlich davon bestimmt zu werden, daß Sachwalter der Ordnung ihre Macht mißbrauchen. Die *Ring*-Problematik führt uns vor, wie sich einzelne oder Gruppierungen die Ordnungsmöglichkeiten zum Zweck des Machtgebrauchs einfach aneignen und dadurch andere unterdrücken. Unter diesem Aspekt kann man jeden gesellschaftlichen Entwurf überprüfen und befragen. In der Kunst findet das unentwegt statt.

Schmidt: Bei Mozart haben wir andauernd phantastische Beispiele, wo selbst die Organisationsformen, die mit besten Absichten geschaffen worden sind, eine Welt menschenwürdig einzurichten, durch die Umstände und durch ihre lange Existenz so in Widerspruch zu sich selbst geraten, daß die ursprünglichen Absichten gar nicht mehr die Ziele bleiben; so zum Beispiel in der *Zauberflöte*.

Kupfer: Das ist ein Paradebeispiel dafür; ein anderes wäre die Wotanfigur. Vielleicht handelt es sich sogar um ein Grundproblem der menschlichen Existenz: Auf der einen Seite steht der Anspruch auf individuelle Freiheit, der dem Menschen und der Humanitas immanent ist, und auf der anderen Seite die notwendige gesellschaftliche Organisationsform. Und immer wieder schlägt das Pendel dahin aus, daß Menschen oder Gruppierungen ihr ganzes Sinnen und Trachten – bewußt oder unbewußt – darauf richten, die Macht in ihre Hände zu bekommen, aber eben nicht im Sinne des dialektischen Verhältnisses zwischen Individuum und Ordnung, sondern aus puren egoistischen Gründen. Auf diese Weise realisieren sie natürlich ihre eigene individuelle Freiheit, aber eben auf Kosten anderer.

Lummer: Ist nicht die Gattung Oper ein Modell, das diese Fragestellung grundsätzlich aufwirft und diskutiert?

Kupfer: Allenthalben! Wenn man die Gattung Oper auf diesen Konflikt Individuum – Gesellschaft hin befragt, staunt man, daß durch den Komprimierungsprozeß der individuellen Geschichten immer etwas Grundsätzliches entsteht, und ich wüßte kein gutes Stück, wo das nicht der Fall wäre. Schon durch das Mittel der Musik werden doch menschliche Geschichten aus ihren rein individuellen Konstellationen herausgehoben und in größere Sinnzusammenhänge eingebettet. Daß man gerade in der Oper alle diese Fragen besonders gut abhandeln kann, ist nur deshalb ein Novum, weil diese Kunstgattung lange Zeit als reaktionär und als ›Ausweichkunst‹ für Leute gegolten hat, die sich mit diesen Fragen gar nicht beschäftigen wollten, sondern nur auf Musik mit schönen Bildern aus waren. Daher rührt auch heute noch der Ärger im Zusammenstoß der Interpretation am Abend der Aufführung mit Teilen des Publikums, die nicht wahrhaben wollen, daß es in Kunstwerken um solche Fragen geht.

Schmidt: Ich würde das nicht mehr als Novum ansehen, in den letzten Jahren hat sich doch einiges verändert. Nur verlief dieser Prozeß nicht so, daß das Publikum in seiner Gesamtheit verändert worden wäre. Es gibt immer wieder Leute, die sagen: »Die Musik ist so schön! Es ist alles Unsinn, was ihr da hineingeheimnist.« – Herauslesen können sie es nicht, deshalb sagen sie ›hineingeheimnissen‹. Aber das Großartige an der Oper ist ja der Doppelcharakter der Musik: Deren Möglichkeit, außerordentlich zu differenzieren und zu individualisieren, ist immer verbunden mit einer großen Verallgemeinerungskraft. So ist die Oper nicht gezwungen, tagespolitisch oder wissenschaftlich hieb- und stichfest zu argumentieren, sondern kann mit den Mitteln der Kunst Phantasie in die menschlichen Beziehungen einbringen. Ein Medium der Oper ist die künstlichste aller menschlichen Äußerungsmöglichkeiten, die Musik, und die macht von vornherein alle dargestellten Vorgänge künstlicher, als die Realität je ist.

Kupfer: Fast alles wird gleichnishaft, es wird jeweils ein Beispiel gegeben in der Verallgemeinerung; es handelt sich nie um eine Sache pur, um eine irgendwie geartete Geschichte zwischen bestimmten Menschen, sondern um eine Geschichte, deren Bedeutung gleichzeitig eine Beziehung zu größeren, weltanschaulichen Zusammenhängen aufscheinen läßt.

Schmidt: Andere theatralische Formen zielen ebenfalls auf Gleichnisse, aber in keiner werden die Ausführenden so auf diese Gleichnisbedeutung hin fixiert wie in der Oper. Das Medium Musik artikuliert sich in vielfältigen Funktionen darin und ordnet den Verlauf der Handlung weitgehend; der Schauspieler dagegen muß ja seine ›Partitur‹ erst selbst erfinden. Auch ist es im Schauspiel möglich, sehr viel alltagsnäher zu bleiben, während in der Oper entweder die Gleichnisebene erreicht oder die Inszenierung flach wird. Dazu kommt, daß der musikalische Ablauf den Zuschauer sehr stark mit der Bühne koordiniert. Das ist im Sprechtheater nicht der Fall, da müssen dies die Schauspieler allein von der Bühne aus erreichen. Die Musik wirkt in der Oper so, als ob alle Zuschauer in einem einzigen Boot säßen.

Kupfer: Die Kehrseite ist, daß viele Opernbesucher sagen: Das genügt mir, und deshalb gehe ich in die Oper. Da fühle ich mich eingebettet in die Musik, in den Klang. Das reicht bis hin zum Rausch, und das Kollektiverlebnis tut ein übriges. Alles andere – inhaltliche, auch politische Fragen, die mit der Inszenierung zusammenhängen – scheint dann eigentlich überflüssig, denn komischerweise können viele Leute in die Oper gehen und die Bühne ignorieren, aber trotzdem die Aufführung genießen.

Schmidt: Andererseits hat die Bühne die Möglichkeit, dieses Genußerlebnis zu ›stören‹, den Zuschauer durch Unerwartetes quasi zu zwingen, sich auch den Stoff zu vergegenwärtigen und vielleicht einen Gedanken in Gang zu bringen, der über das reine Hinnehmen hinausreicht.

Kupfer: Wenn das durch die Gestaltungskraft der Interpreten einmal gelingt, kann sich ein Gedanke – mit der für die Oper spezifischen Emotionsbreite und musikalischen Weite vorgetragen – von der Wirkung her tiefer festsetzen. Auf diese Möglichkeit hat Wagner seine ganze Theorie aufgebaut: Er wollte seine Gedanken, seine Stoffe – für ihn waren sie immer das Primäre, und die Musik diente eigentlich als Transportmittel der Geschichten – und damit seine Ideologie auf emotionalem Wege den Leuten ins Blut schießen oder in die Haut brennen. Daß dabei etwas Gegenteiliges entstanden ist, daß er die Menschen narkotisiert hat und sie gar nicht mehr fähig waren, seine Gedanken aufzunehmen, das ist die andere Seite eines dialektischen Prozesses. Wagner hat seine Mittel zu gut beherrscht.

Schmidt: Aber dort liegt eben eine wesentliche Aufgabe für die Inszenierungskunst!

Kupfer: Kalkulieren wir all das ein, was wir bisher festgestellt haben, dann trägt sie eine unglaubliche Verantwortung im Vermitteln der Inhalte: Was darf man wie weit treiben, wo muß man bremsen, wo muß man kontrapunktieren, wo muß man gar Distanz zeigen, damit dieses merkwürdige Verhältnis zwischen Musik und Textgedanke produktiv funktioniert. Das sind Fragen, denen man sich stellen muß und die zu verschiedenen Zeiten unterschiedlich beantwortet werden.

Lummer: Sie erwähnen die Abhängigkeit einer Interpretation von der Zeit, in der sie entstanden ist. Demnach gibt es keine absolut gültige Interpretation?

Kupfer: Nein. Was heute stimmig sein kann – gewonnen durch gründliche Analyse aus dem Werk und in Übereinstimmung mit dem Geschehen der Welt und den Gedanken der Menschen –, das kann doch morgen schon ganz anders gesehen werden. Nehmen Sie die Inszenierungsgeschichte von Wagners *Ring*: Ich habe noch die erzkonservativen Aufführungen von Tietjen und Preetorius aus der Nazizeit mitbe-

Folgende Doppelseite:
Der Ring des Nibelungen: Die Walküre, Bayreuth 1988
John Tomlinson (Wotan), Deborah Polaski (Brünnhilde), Linda Finnie (Fricka)

kommen, die dem gegenüber, was vorher war, schon eine Revolution darstellten. Darauf folgte Wieland Wagner – noch einmal eine Revolution –, dann kam Chéreau, und jetzt sind wir an der Reihe. Da liegen Welten dazwischen, und diese Arbeiten lassen sich nicht einmal mehr miteinander vergleichen, obwohl es sich um ein und dasselbe Werk handelt. Auch wird man diese Unterschiede nicht als Zufälle erklären können. Diese Leute hatten aus ihrer Zeit heraus eine Meinung zur Welt und zur Kunst...

Schmidt: ...und die Arbeiten haben eine große Ausstrahlung und Breitenwirkung gehabt.

Kupfer: Das waren sogar Kultinszenierungen, die aber nur für ihre Zeit gestimmt haben. Heute wären Inszenierungen im Stil Wieland Wagners nicht mehr denkbar. Alles in dieser Kunstgattung ist fließend und veränderlich unter dem Gesichtspunkt, daß sich Geschichte weiterentwickelt und vollzieht. Was verbindlich ist, muß immer wieder durch Analyse dem Werk abgewonnen werden: Wie ist das Verhältnis der Musik zum geistigen Entwurf, zum Thema, zum Stück – das ist die Grundfrage. Aber dann geht das Ergebnis ein neues Verhältnis zur jeweiligen neuen Wirklichkeit ein, wodurch neue Sichtweisen entstehen, die mit dem Vorhergehenden nicht mehr unbedingt etwas zu tun haben.

Lummer: Das heißt, nicht das Werk als solches verändert sich, sondern die Zeit und mit ihr die Haltung der Menschen zu den Kunstwerken.

Kupfer: Nein, auch die Werke verändern sich!

Schmidt: Zwar nicht dem Buchstaben nach, aber sie werden immer wieder neu eingeordnet in das Weltbild desjenigen, der sie interpretiert.

Kupfer: Man sieht sie verändert, als hätten sie sich verändert, sie geben Schichten frei, die man vorher nicht gesehen hat.

Schon der Schritt von den Mozart- und Wagner-Inszenierungen aus der Vorkriegs- und Kriegszeit zu den heutigen ist so gewaltig, daß man manchmal denkt, das können doch nicht dieselben Stücke sein. Die *Entführung aus dem Serail* habe ich oft gesehen als eine banale Dummheit, so daß ich mir gedacht habe: Der Mozart muß von allen guten Geistern verlassen gewesen sein, auf ein so schreckliches Buch eine so schöne Musik zu schreiben. Aber wenn man sich mit dem Stück eingehend beschäftigt und den ganzen Sarotti- und Mozartkugelkitsch wegläßt, für den Mozart ja nichts kann, dann entdeckt man ein ganz grandioses Werk, das Schichten freigibt, wie sie in Lessings *Nathan* zu finden sind. Ich nenne bewußt die *Entführung*, denn es ist noch nicht so lang her, daß die Ehrenrettung dieses Stückes stattfand.

Schmidt: Ich habe mich immer sehr darüber amüsiert, wenn Kritiker von jeder deiner *Entführungs*-Inszenierungen behaupteten, sie wäre etwas ganz Neues gewesen. Dabei war vom Grundgedanken her bereits in deiner Weimarer Interpretation alles da. Daran sieht man, wie nachhaltig sich bestimmte Vorstellungen von Werken festgesetzt haben können.

Lummer: Von Ihnen stammt der Ausspruch, Oper sei die demokratischste aller Kunstformen. Läßt er sich damit begründen, daß dieses Verhältnis von Individuum und Ordnung ein instabiles ist, sich nicht kodifizieren läßt und immer wieder neu zu bestimmen ist?

Schmidt: Ich bin nicht so sicher, daß dieser Begriff »demokratischste aller Kunstformen« von Harry Kupfer erfunden wurde. Er ist, glaube ich, schon mehrfach benutzt worden. Ich weiß durchaus nicht genau, worauf er eigentlich zielen sollte. Zum einen ist die Oper diejenige Kunstform, die die größte gesellschaftliche Anstrengung erfordert, sowohl an Mitteln als auch an Mitwirkenden. Sie gibt aber auch quantitativ mehr ab an die Zuschauer. Die andere Frage nach dem Demokratischen ist aber doch, wie das Publikum, die Öffentlichkeit damit umgeht.

Kupfer: Verfolgt man die Geschichte, dann stößt man auf das genaue Gegenteil von demokratisch: Die Oper entstand eigentlich sehr elitär. Aus dieser, in ihrer historischen Frühzeit, elitären Kunstgattung entwickelte sich – gegen alle Behauptungen, die Oper sei tot – eine Theaterform, die mehr denn je zu den beliebtesten zählt. Sie ist die totalste, weil sie alle Möglichkeiten, die Musik, den Tanz, die Pantomime und was sonst noch auf der Bühne denkbar ist, in sich vereinigt. In dieser Vielfalt und in ihrer dadurch größeren Möglichkeit der Ausstrahlung liegt vielleicht der wahre Grund, daß es sich um die demokratischste Kunstgattung handeln könnte. Darüber hinaus gibt es ja inzwischen ein paar Länder auf der Welt, wo eine Opernkarte nicht mehr kostet als das, was man andernorts für eine Kinokarte bezahlen muß, und wo man Kulturpolitik dahingehend ausrichtet, daß jedermann die Oper offen steht.

Lummer: Ist nicht heute der Film das gültigere, weil massenwirksamere Äquivalent für dieses Totalerlebnis, das Sie dem Musiktheater zusprechen?

Kupfer: Nein, weil der Film heute ganz andere Wege geht. Interessant ist doch, daß eine Zeitlang große Kinopaläste errichtet worden sind, die heute zu kleinen, kammerspielartigen Kinos mit kleiner Leinwand umgebaut werden, in denen nicht mehr als maximal zweihundert Leute Platz finden. Die Opernhäuser sind nicht verkleinert worden, im Gegenteil, es entstehen immer wieder neue, die meist größer als die alten sind, und merkwürdigerweise sind sie voll. Ich höre mir manchmal gern eine Schallplatte an, aber es ist nicht dasselbe Erlebnis, das ich bei einer hervorragenden Aufführung in einem Opernhaus habe, wo mich die Atemzüge des ganzen Zuschauerraums emotionalisieren. Aber genauso kann es frustrierend sein, wenn das Publikum nicht mitmacht oder aufgrund einer unzulänglichen Darbietung nicht mitmachen kann. Dieses lebendige Kunsterlebnis und die Tatsache, daß man freiwillig die Mühe auf sich nimmt, ins Theater zu gehen, um etwas zu genießen, das heißt anzunehmen oder abzulehnen, können weder Funk noch Mattscheibe ersetzen.

Schmidt: Ich glaube, daß solche Massenerlebnisse zwar ohne Theater, nicht aber ohne Musik möglich sind; in der Oper und im Konzert zum einen, zum anderen aber auch auf Kundgebungen: Wenn alle dabei singen, entsteht plötzlich etwas ganz Merkwürdiges, dann gibt es auf einmal eine andere Art von Gemeinschaft, als wenn die Leute nur einer Rede zuhören.

Kupfer: Eine Wirkung, die auch in der Kirche beim Gesang der Gemeinde entsteht.

Schmidt: Das Singen mit anderen ist noch etwas anderes, als nur Musik aufzunehmen, aber in beiden Fällen entsteht durch die Musik eine ›Gleichrhythmisierung‹.

Kupfer: Musik erzeugt in den Zuhörern Emotionen, und was du Rhythmisierung nennst, das läuft doch über die Psyche. Der Gleichklang oder die Aufspaltung, die im Zuschauerraum entstehen, sind durch nichts zu ersetzen.

Schmidt: Das geschieht unabhängig davon, wie jemand Musik empfindet. Denn im Zuschauerraum sitzt ja nicht *das* Publikum, sondern befinden sich viele individuelle Menschen, die ganz unterschiedliche Erlebnisse haben von dem, was ihnen von der Bühne entgegengebracht wird.

Kupfer: Gut ist, wenn diese Spannung, diese Elektrisierung gelingt und sich im Schlußbeifall löst. Dann hat man manchmal den Eindruck, da ist plötzlich etwas, da schaut man seinen Nachbarn freundlich an, man lächelt und ist glücklich. Man fühlt sich erhoben, und man ist erregt. Das ist unglaublich schön und liefert immer wieder den Beweis dafür, daß dies eine für den Menschen notwendige Sache ist, die Gott sei Dank erfunden wurde und die man deshalb auch von Staats wegen bezahlen und fördern muß. Sie gehört wie Bildung zur Ausbildung des Menschseins, der Humanitas dazu.

Lummer: Dieses prekäre Spannungsverhältnis von Individuum und kollektivem Subjekt, das in Veranstaltungen dieser Art sich herstellt, darf nicht nur positiv gesehen werden, da es sich auch zum Zwecke der Manipulation benutzen läßt.

Schmidt: Bei solch unheimlicher Breitenwirkung, die musikalische Kunstwerke erreichen können, tragen die ausübenden Interpreten eine sehr große Verantwortung.

Kupfer: Man muß sich überlegen, mit welcher Absicht man das macht, mit welcher Lauterkeit, mit welcher Genauigkeit und mit welchen Zielen und Zwecken. Da scheiden sich für mich die wirklichen Künstler von den Scharlatanen.

Lummer: Es fällt auf, daß einige Standardwerke wie *Aida*, *Tosca*, *Carmen*, die schlechthin mit dem kollektiven Opernerlebnis gleichgesetzt werden, in Ihrer Inszenierungsarbeit fehlen.

Kupfer: Eigentlich gibt es in dieser Sparte eine ganze Menge Werke, die ich bereits inszeniert habe. *Aida* würde ich nicht machen wollen. Unter dem ganzen Bombast geht für mich zuviel von der individuellen Geschichte verloren. Trotzdem hat diese Oper eine tolle Musik. Aber es gibt ja so Lüste, die man hat, aber zu *Aida* habe ich keine Lust. *Carmen* dagegen ist ein Werk, das mir noch fehlt, das kommt noch; bisher hatte ich nur noch keine geeignete Besetzung dafür.

Lummer: Kollektiverlebnisse eigener Art, massenwirksamen Kultveranstaltungen vergleichbar, bieten die Aufführungen

der Wagnerschen Musikdramen. Mit Ihrer Bayreuther Inszenierung der *Ring*-Tetralogie haben Sie nun alle Hauptwerke dieses Komponisten wenigstens einmal in Szene gesetzt. In der Gesamtschau Ihrer Wagner-Inszenierungen läßt sich eine gegenläufige Tendenz zur gängigen Wagnerinterpretation feststellen: Während Sie den frühen Wagner vehement kritisieren, entlasten Sie den späten Wagner von der fragwürdigen Ideologie und nehmen die Werke sehr ernst.
Kupfer: Ich nehme den jungen Wagner genauso ernst wie den reifen Wagner; nur den Unfug, daß es zwei verschiedene Wagner geben soll, daß ein progressiver Mann, enttäuscht durch die Erfahrungen mit der mißglückten Revolution, in der Emigration, nachdem er Schopenhauer gelesen hat, plötzlich ein ganz anderer geworden wäre, den kann ich nicht goutieren! Es gibt nur einen Wagner, und der hat ebenso viele Widersprüche im Jugendwerk, wie er sie im Alterswerk auch hat. Was mich stört, ist der unkritische *Lohengrin* (vom Thema und von der Behandlung des Stoffes, nicht von der Musik her, ist er das reaktionärste Werk, das er geschrieben hat); was mich nicht stört, ist die sehr kritisch gesehene *Ring*-Problematik und die Thematik des *Parsifal*, deren Gestaltung wesentlich differenzierter ist als die seiner Jugendwerke.
Lummer: Der Topos ›Erlösung‹ zieht sich wie ein roter Faden durch Wagners gesamtes Schaffen. Mit Sentas Fenstersturz zeigen Sie, wohin dieser Erlösungswahn führen muß, während Sie im *Parsifal* an eine Möglichkeit der Erlösung glauben.
Kupfer: Eine Erlösung ist doch im *Parsifal* nicht komponiert, ebenso wie in der Urfassung des *Holländers* nicht; was es gibt, ist die Forderung danach. Niemand wird hier erlöst, Speer und Kelch werden zusammengebracht, und der *Parsifal* endet musikalisch in einem aufgesplitterten Nichts. Auch gibt es keine

Verklärung, sondern das musikalische Material zerbröselt, wie Pierre Boulez zum ersten Mal bewiesen hat. Der *Parsifal*-Schluß erinnert mich an Aribert Reimanns *Lear*, worin auch durch die Verschiebungen der Klangfiguren, die gegeneinanderflirren, Reibungen entstehen. Wo findet denn in diesem Stück Erlösung statt – das möchte ich gern einmal wissen.

Lummer: »Erlösung dem Erlöser« sind die letzten Worte im *Parsifal* – damit proklamiert Wagner doch Erlösung.

Kupfer: Nein, das tut er nicht! Mit der Figur des Parsifal schafft er einen Antihelden zu dem Tatmenschen Siegfried, nämlich den Gewaltlosen. Der entscheidende Punkt für die Interpretation dieses Werkes ist das Duett Parsifals mit Kundry im zweiten Akt: Hier zeigt er sich als der einzige, der Kundry weder mißbraucht noch vergewaltigt, wie die Ordensritter und Klingsor das machen. Parsifal ist einer, der die Frau nicht benutzt, sondern als gleichwertig akzeptiert. Das ist ein völlig unterschiedliches Verhalten: Er respektiert das Menschsein des anderen, weil für ihn Ethos und Eros nicht auseinanderklaffen. Deshalb ist er auch nicht verführbar und kommt nicht in die Versuchung, andere zu mißbrauchen. Auf dieser symbolischen Höhe bewegt sich die Begegnung Parsifals mit Kundry.

Lummer: Muß man nicht differenzieren zwischen ›gewaltlos‹ und ›passiv‹? Ich sehe im Parsifal einen Menschen, der dumm-naiv zuschaut, auf nichts reagiert und unfähig ist, mit Konflikten umzugehen.

Kupfer: Zwischen dem zweiten und dritten Akt vollzieht sich doch fast sein ganzes Leben. Die Schwierigkeit liegt darin zu zeigen, daß er jahrelang mit dem Speer, den er Klingsor entreißen konnte, durch die Welt irrt und den Gralstempel nicht mehr finden kann; das heißt er hat Erfahrungen zu machen, muß Mensch werden und kommt dann als ein reifer alter

Mann im dritten Akt zu Gurnemanz zurück. Inzwischen aber hat sich die Welt völlig verändert – fast ein ganzes Menschenleben liegt dazwischen. Am Anfang ist er ein tumber Naturjunge, der einen Schwan erlegt und daraufhin belehrt wird, daß man Tiere nicht tötet. Dann wird er mit der Tempelszene konfrontiert, die ihn sprachlos macht, und die Ordensgesellschaft ist unfähig, sein Miterleben zu begreifen. Nach der Begegnung mit den Blumenmädchen, für deren feminine Reize er durchaus empfänglich ist, trifft er auf Kundry. In dieser buntschillernden Mischung aus Mutterfigur und verführerischer Frau sieht er sich seiner nicht gelebten Vergangenheit gegenüber. In diesem Moment gibt es für ihn aber nur die eine Verhaltensweise, eben nicht zu mißbrauchen. Dadurch entgeht er der Gefahr, Klingsors Reich zu verfallen, und es gelingt ihm, den Speer von Klingsor zurückzugewinnen. Jetzt folgt jene Phase, die ich mit dem Vorspiel zum dritten Akt, Parsifals Irrfahrt, bereits beschrieben habe. In der anschließenden Wiederbegegnung mit Gurnemanz erfahren wir dann, daß Parsifal derjenige ist, der sich zu einem eventuellen Neuanfang fähig fühlt. Daß ihm das gelingt, wird immer a priori angenommen mit der Behauptung: »Jetzt kommt der Erlöser, und die Welt ist wieder heil!« Parsifal hat eine Chance – aber der Schluß bleibt offen, vergleichbar dem Ende der *Götterdämmerung*: Die Menschen, die nach der Katastrophe übrigbleiben, können daraus lernen oder auch nicht.
Für mich ist Parsifal (Wagners Gegenentwurf zu dem ›Schlagetot‹ Siegfried) ein Mensch, der erleben und begreifen muß, daß es auch andere Verhaltens- und Reaktionsweisen gibt. Hier wird einem Antihelden das Schicksal der Welt in die Hand gelegt. Und das ist doch gut. Dazu gehört vielleicht auch der Teil, den Sie mit ›Passivität‹ umreißen. Ich habe immer ein bißchen Angst vor den unbedingt Aktiven, denn die mei-

Judith, Berlin 1985

sten von ihnen haben der Welt eigentlich nichts Gutes gebracht. Man sollte jemanden wie Parsifal, der erlebt, der zuerst nicht begreift, aber dann doch versteht und sich richtig entscheidet, zumindest einmal befragen und ihm – wenigstens im Kunstwerk – die Chance geben, das Steuer in die Hand zu nehmen. Wie er es machen wird, das wissen wir nicht. Wagner gibt im *Parsifal* eine bedenkenswerte Alternative zur deutschen Kraftmeierei, wie sie im *Siegfried* gestaltet ist, und diese Alternative ist eine durchspielenswerte, durchaus humane, die ich wichtig finde.

Lummer: Von der ›Musiksprache‹ Wagners führt eine Entwicklungslinie zur Neuen Musik. Kaum ein zweiter Regisseur hat so viele Bühnenwerke der Moderne ur- und erstaufgeführt wie Sie. Führen Sie damit den Beweis für die Aktualität der Oper?

Kupfer: Das Opernrepertoire zehrt seit langem von der historischen Substanz; während in vergangenen Zeiten überwiegend Neuaufführungen gegeben wurden, die es nur selten zu einer Reprise brachten, finden – daran gemessen – heute kaum mehr Uraufführungen statt. Nach meiner Anschauung wird die Oper als Gattung nur dann lebensfähig bleiben, wenn die existierenden modernen Werke auch aufgeführt werden. Die moderne Musik ist doch die Sprache unserer Gegenwart, und die zeitgenössische Oper hat einen unmittelbareren Bezug zum Publikum und zu unserer Zeit als eine aktuell gelesene historische Oper. Deshalb halte ich es für wichtig, das Publikum mit neuen Werken zu konfrontieren, ohne darauf zu spekulieren, ob deren ›Sprache‹ angenommen werden wird. Erst spätere Generationen können entscheiden, was Bestand hat und was nicht.

Schmidt: Zunächst war es einfach wichtig, daß die neu entstandenen Werke aufgeführt wurden, um nach dem Kahlschlag, den der Krieg hinterlassen hatte, eine Entwicklung in Gang zu setzen. Darunter waren viele, die heute nicht mehr gespielt werden können, weil ihre Qualität einfach nicht mehr ausreicht. Doch damals standen sie in einem ganz anderen Zusammenhang, und nicht nur die Komponisten haben etwas gelernt, sondern auch die Theaterleute. Heutzutage müssen wir nicht mehr jedes neue Stück spielen, da wir eine größere Auswahl gelungener Werke haben. Das hat natürlich damit zu tun, daß die Vorläufer aufgeführt worden sind. So haben sich schon immer im Verlauf der Operngeschichte die Spitzenwerke herauskristallisiert.

Lummer: In Ihrer frühen Zeit haben Sie viele der Opern von Jean Kurt Forest uraufgeführt, die mir völlig unbekannt sind.
Kupfer: Das wundert mich nicht, aber diese Opern haben zu ihrer Zeit einen bestimmten Platz gehabt, und sie waren für mich und für meine Auseinandersetzungen mit dem Theater wichtig.
Schmidt: Damals war es ein großes Problem, Komponisten zu finden, die für die Oper schreiben wollten, und es war wichtig, daß die Komponisten mit den Interpreten zusammenarbeiteten, um Erfahrungen zu machen. Wir hatten ja nur ein paar alte Herren, die noch Opern komponierten: Ottmar Gerster war einer der Nestoren, daneben gab es noch Rudolf Wagner-Régeny, aber selbst Paul Dessau hat erst 1949 mit *Lukullus* angefangen, Opern zu schreiben.
Lummer: Demnach war die Zusammenarbeit der Komponisten mit den Theaterfachleuten, wie Dramaturgen, Regisseuren, Dirigenten, ein wichtiger Schritt auf dem Wege zur zeitgenössischen Opernproduktion in der DDR.
Schmidt: Bei uns gab es eine sehr interessante Einrichtung: Zuerst hat Siegfried Matthus hier an der Komischen Oper einen Status innerhalb der Dramaturgie bekommen, der es ihm ermöglichte, Oper vor Ort kennenzulernen; später war es Udo Zimmermann in Dresden, danach Rainer Kunad an der Staatsoper Berlin. Es gab noch mehrere Komponisten, die fest an einem Theater engagiert waren und dort eine kleine Aufgabe hatten, aber ihre Hauptaufgabe bestand darin, Opern zu schreiben. Ihre Werke mußten nicht unbedingt an diesen Theatern herauskommen, aber dort hatten die Komponisten die Möglichkeit, unmittelbar die Produktionsprozesse mitzuerleben und herauszufinden, wie Oper funktioniert.
Lummer: Die Annahme liegt nahe, daß diese Art der Be-

schäftigung mit der zeitgenössischen Oper Rückwirkungen auf das klassische Repertoire zur Folge hat. Dienen die zeitgenössischen Werke als Prüfstein für die historischen in dem Sinne, wie Michael Gielen bezüglich der musikalischen Interpretation behauptet hat, man könne Beethoven nur dann richtig spielen, wenn man Schönberg verstanden habe?
Kupfer: Ich glaube nicht, daß man diese Formulierung in solcher Ausschließlichkeit wörtlich nehmen kann. Aber eine Wahrheit ist sicher, daß in diesem Spannungsfeld das eine das andere befruchtet. Ich werde einen historischen Komponisten anders angehen und anders verstehen in bezug auf das Verhältnis Musik – Wort, wenn ich mich mit neueren Formen der Begegnung von Wort und Ton beschäftige; Schönberg ist ein gutes Beispiel dafür. Man entdeckt im Rückblick auf ältere Kompositionen eine Menge über den dialektischen Vorgang in der Behandlung von Musik und Sprache. Wie dialektisch eine Wagner-Partitur ist, obwohl Wagner sich gegen eine solche Behauptung sicherlich verwahrt hätte, habe ich erst festgestellt, nachdem ich mich mit moderner Musik auseinandergesetzt hatte. Auch Mozarts Partituren sind dialektisch gearbeitet, so befremdlich das klingt; aber Dialektik gibt es ja nicht erst von dem Moment an, in dem sie von Interpreten auf Oper angewandt worden ist. Das Inszenieren moderner Werke gibt mir auch deshalb unerhört viel, weil man in der zeitgenössischen Oper ziemlich sicher vor ›guten alten‹ Gewohnheiten ist. Die Sänger behaupten doch meist erst einmal, ob sie etwas so oder so sängen, spiele überhaupt keine Rolle. Aber siehe da, versucht man das am modernen Werk einmal Erreichte auf eine klassische Oper zu übertragen und sagt: »Dort hast du es doch geschafft und jetzt mach' es hier genauso«, dann ergeben sich plötzlich ganz andere Diskussions- und Interpretationsräume, ausgehend von der Beschäftigung mit dem heuti-

gen Werk. Man lernt dabei einen anderen Umgang mit dem Wort-Ton-Verhältnis zu begreifen, der Regisseur ebenso wie der Sänger.

Lummer: Fördert der Umgang mit der Moderne auch ein Verständnis dafür, daß die klassischen Werke sich verändern?

Kupfer: Ja, man lernt begreifen, daß die menschlichen Probleme in modernen Opern, wie zum Beispiel in *Jacobowsky und der Oberst*, von denen in der *Entführung* gar nicht so weit entfernt sind. Plötzlich hört sich diese Musik anders an und läßt sich anders interpretieren.

Schmidt: Es ist ja immer mißverständlich, wenn man sagt: Die Werke verändern sich. Die Werke verändern sich im Blick der Menschen zu unterschiedlichen Zeiten, dasselbe Stück wird ganz anders gesehen. Natürlich wirkt sich das auch auf die Noten aus, die im Werk scheinbar unabänderlich festgeschrieben sind. In der Ausführung nämlich erweisen sie sich als sehr flexibel. Da Musik nicht nur auf eine einzige Art zu spielen ist, wird sich das Werk auch in seiner Erscheinungsform verändern. Aber das kommt von uns und ist nicht schon vom Komponisten für die Zukunft so geplant. Der Autor plant erst einmal für sich und seine Zeit.

Lummer: Mit Ihrem Werkbegriff bestätigen Sie die Auffassung, daß man nicht von einem hermetisch in sich abgeschlossenen Werk ausgehen kann, das lediglich reproduziert werden müßte. Entscheidend ist doch, die Substanz zu reaktivieren, die Veränderungen wahrzunehmen und den Alters- oder Geschichtsprozeß eines Werkes nachzuvollziehen – letztlich ein Werk zu verstehen als lebenden Organismus.

Kupfer: Ja, es ist nicht geschrieben, um in der Schublade zu liegen, sondern es ist für eine menschliche Gesellschaft bestimmt, die sich damit auseinanderzusetzen hat. Wenn das

Werk groß genug ist und über die Tagesaktualität hinausgehende Gedanken enthält, wird es zu der neuen Wirklichkeit eine neue Beziehung eingehen. Deshalb ist ein Opernwerk etwas sehr Lebendiges. Wenn ich ein Stück, das ich vor zwanzig Jahren inszeniert habe, wieder in die Hände bekomme, dann lese ich es ganz anders. Ich muß mich dann ganz naiv machen und darf nicht auf das Damalige schauen, sondern nur in die Noten und in den Text. Und plötzlich kann ich etwas entdekken, was ich damals noch nicht gesehen habe oder noch nicht gedacht habe. Aber das konnte ich vielleicht zu der Zeit auch noch gar nicht, weil wir inzwischen anders denken und anders leben. Deshalb mag ich es nicht, nach Jahren eine Inszenierung in derselben Dekoration zu kopieren.

Schmidt: Man kann es auf die einfache Formel bringen, daß sich ein Werk als Objekt im Laufe der Geschichte mit Sinn anreichert. Dabei gibt es Aspekte, die absinken, andere steigen auf.

Lummer: Also entbehrt der Vorwurf, den man Ihnen häufig macht, daß Sie den Willen des Autors verfälschten, jeder Grundlage?

Kupfer: Das müßte man mir erst einmal nachweisen. Diese Kritik bezieht sich darauf, daß ich den Buchstaben verletze; aber der Buchstabe ist niemals der Wille des Autors in dieser Totalität, wie wir jetzt die Wirkung von großen Kunstwerken umrissen haben.

Schmidt: Was ist der Wille des Autors? Wenn Wagner zum Beispiel sagt, nach der Lektüre Schopenhauers habe er den *Ring* erst selbst verstanden, und ihn daraufhin interpretiert, bekommen wir vom Autor nichts anderes überliefert als einen Text, der auch wieder interpretationsbedürftig ist. Wie will man solche Texte wörtlich nehmen? Die liest man doch, wie die Opern auch, aus seiner eigenen Sicht.

Kupfer: Manche Autoren haben ja gar nicht mitbekommen, was sie selbst gestaltet haben und was da alles über das Unbewußte hineingeflossen ist. Geniale Kunstwerke überragen ihren Schöpfer bei weitem.
Lummer: Von den Schwerpunkten Ihrer Inszenierungsarbeit haben wir bereits Mozart, Wagner und die Moderne versammelt – es fehlt noch einer, der ist Händel.
Kupfer: Händel habe ich früher immer langweilig gefunden. Erst durch meine Muß-Beschäftigung als Assistent am Theater in Halle habe ich begriffen, welch großer Komponist er war, und daß die Musik dem Regisseur einen großen Spielraum läßt. Trotzdem würde ich heute nicht alle Opern, die er geschrieben hat, inszenieren wollen, aber innerhalb der Gattung haben die Händel-Opern eine ausdrucksvolle Farbe, die mich reizt, Theater damit zu machen und dem Publikum anzubieten. Den Beweis, daß es erregend ist und nicht nur ein klingendes Museum liefert, haben wir mit mehreren Inszenierungen angetreten, zuletzt mit *Giustino*.
Lummer: Verfolgen Sie in Ihrer Beschäftigung mit bestimmten Autoren ein Programm, das Verbindungen herstellen und Entwicklungen aufzeigen möchte vom Barock bis zur Moderne?
Kupfer: Die Frage habe ich mir so nie gestellt. Nein, mich spricht ein Werk oder ein Komponist an, und in der Beschäftigung mit den Stücken finden wir dann Neues, Unerwartetes heraus. Der Ausgangspunkt ist zunächst das Interesse an einem Werk – was uns daran interessiert, ist oftmals ganz subjektiv bestimmt.
Schmidt: Ich glaube nicht, daß es sehr effektiv wäre, wenn man seine Inszenierungsvorhaben und damit auch seine eigene künstlerische Biographie nach thematischen Gesichtspunkten organisieren würde – vom Anfang bis in die ferne

Giustino, Berlin 1984
Jochen Kowalski (Giustino), Rudolf Asmus (Orgelspieler/ Die Stimme aus dem Berg)

Zukunft –, man greift vielmehr nach Themen, weil sie einen brennend interessieren. Mozart hat ja auch keinen Zyklus geplant, und doch führen wir seine fünf Wiener Hauptwerke als einen Zyklus vor.
Lummer: Ihr Mozart-Zyklus an der Komischen Oper ist der Anlaß meiner Frage, denn ich kann mir weder vorstellen, daß diesem Projekt ein enzyklopädisches Interesse zugrunde liegt, noch kann ich glauben, daß sich die fünf Opern im nachhinein zufällig zu einem zyklischen Gebilde zusammengefügt haben.

Kupfer: Schon bei meiner ersten Mozart-Inszenierung, *Così fan tutte*, hat es geklingelt. Ich habe gespürt, was für ein großartiges Stück es ist. Zwar habe ich den Zusammenhang noch gar nicht richtig erfassen können, aber immerhin war es ein erster Versuch. Mit den Inszenierungen der *Entführung* in Weimar und Dresden fingen wir an, über einen Zyklus nachzudenken.
Schmidt: Mit der *Hochzeit des Figaro* und der *Zauberflöte* in Dresden kristallisierten sich weitere Gedanken dazu heraus, ebenso in der Arbeit an *Don Giovanni* in Graz ...
Kupfer: ... und so baute sich die Idee aus einzelnen Steinchen zusammen. Wir hatten aber nicht zuerst die Idee: Sie hat sich erst aus der ursprünglich ›sporadischen‹ Beschäftigung mit den einzelnen Werken – da lagen Jahre dazwischen – entwickelt. Mit *Figaro* hatte ich damals die größten Schwierigkeiten, der war mir einfach zu realistisch. Aber nach der Dresdner Inszenierung war zum mindesten ahnbar, wohin der Weg führen könnte. Als wir mit *Figaro* anfingen, habe ich in einem Interview zum ersten Mal den Gedanken vom Widerspruch zwischen Ideal und Wirklichkeit in Mozarts Werken im Hinblick auf die Zyklusidee ausgesprochen.
Schmidt: Uns wurde damals klar, daß die Schlüsse von der *Entführung* bis zur *Zauberflöte* immer mehr Fragen offen ließen. Der Schritt von der *Entführung* zum *Figaro* war ein ganz entscheidender. Es galt, dieses oft so idealisierte Ende in der *Hochzeit des Figaro* aufzubrechen, nach seinem Realitätsgehalt zu befragen und zu untersuchen, wie die Personen aus dem Stück entlassen werden. Die Musik scheint doch alles wunderbar zu versöhnen, wenn die Gräfin in ihrer übergroßen Güte dem bösen Gatten Verzeihung gewährt. Aber was Mozart komponiert hat, ist viel interessanter. Der Graf singt

die erste Hälfte einer Periode, dann kommt die große Generalpause (die meist kürzer gerät, als sie sein muß), und erst danach vollendet die Gräfin die Periode. »Geht es zusammen oder geht es nicht zusammen?« – diese Frage ist im Werk angelegt! So etwas hängt nicht von der Absicht des Interpreten ab, dahin zielen die Opernschöpfer selbst. Manche wollen ganz deutlich zum Ausdruck bringen: »Das geht nicht«; andere wiederum geben die Hoffnung nicht auf, daß der Mensch als Gattungswesen entwicklungsfähig sei.

Kupfer: Darum geht es doch in der Kunst: Die humanen Geister machen utopische Entwürfe und konfrontieren sie mit der Wirklichkeit. Das geht nicht immer gut aus ... Und wenn die Künstler ehrlich sind, werden sie diesen Konflikt auch gestalten.

Lummer: Das wäre doch ein Motto für Ihre Inszenierungsgeschichte!

Kupfer: Es ist etwas anderes, wenn sich im nachhinein, nach so vielen Inszenierungen, eine scheinbare Kette ergibt. Es ist dann das ›Mosaik der Lüste‹, das sich zusammenfügt.

Schmidt: Aber davon könnte ja die Sicht eines Außenstehenden entbinden, der diese ›Lüste‹ in einem übergeordneten Zusammenhang betrachtet und anhand der so unterschiedlichen von dir inszenierten Stücke sieht, was dich vordringlich interessiert.

Kupfer: Der könnte vielleicht – wie wir in Mozarts Opern einen zyklischen Gedanken sehen, der den Komponisten selbst nicht interessiert hat – aus meiner Inszenierungsarbeit eine Entwicklung herausfinden, die mich als Regisseur nicht interessiert: »So hat er gedacht, so war sein Weltbild, und deshalb hat er sich auch nicht zufällig diesen Komponisten und diesen Stücken genähert.« Von mir aus geschah das prinzipienlos, geboren aus der Lust an der Beschäftigung mit be-

Così fan tutte, Berlin 1984
Magda Nador (Fiordiligi), Milagro Vargas (Dorabella), Michael Ebbecke (Guglielmo), Michael Rabsilber (Ferrando)

stimmten Autoren. Manchen bin ich einmal begegnet und habe sie nie wieder angerührt, weil sie mich nicht berührt haben, und bei anderen bin ich geblieben und habe versucht, zu entdecken und immer wieder neu zu entdecken.

Rupert Lummer
Harry Kupfer inszeniert
Bemerkungen über Prinzipien des szenischen Geschehens

»Die permanente Opernkrise ist mittlerweile manifest als Krise der Darstellbarkeit von Opern. Unablässig hat die Regie zu wählen zwischen dem verstaubt Langweiligen, dem schwächlich Zeitgemäßen – meist dem dritten Aufguß von Tendenzen in Malerei und Plastik – und dem peinlichen Aufpulvern älterer Werke durch an den Haaren herbeigezogene Regie-Einfälle.«[2] Adornos Verdikt aus den sechziger Jahren trifft ins Zentrum aktueller Opernproduktion: Während die Komposition neuer Werke größtenteils ästhetisch marginal und gesellschaftlich wirkungslos bleibt, sich die musikalische Interpretation unwiderruflich an die technische Reproduktion ausgeliefert hat, obliegt es der szenischen Interpretation, die Rettung der Oper aus dem Geist der Aktualität heraus zu versuchen. So befördert die permanente Krise der Oper gleichzeitig deren Lebendigkeit auf der Bühne, Opernaufführungen provozieren, wenn schon keine ästhetische oder politische Diskussion, so wenigstens die gesellschaftliche Selbstdarstellung des Publikums. Läßt dieses heftige Für und Wider anläßlich von Neuinszenierungen auf existentielle Betroffenheit schließen? Angesichts der ostentativen Behauptung, die Oper sei längst schon tot, wären die Aufführungen von Opern auf der Bühne und die Aufführungen des Publikums im Zuschauerraum eher Ausdruck obskurer nekrophiler Neigungen als der eines lebendigen, die Sinne erregenden Kunstereignisses.

Der darin sich spiegelnde Widerspruch zwischen ästhetischem Gegenstand und historisch-gesellschaftlicher Bedeutung beschränkt sich nicht exklusiv auf die Gattung Oper und ist keine Erfindung unserer Zeit. Der geschichtliche Wandel ästhetischer Formen in ihrem gesellschaftlichen Verhältnis widerlegt die Anschauung, »der ästhetische Stand musikalischer Formen und Gebilde und ihre gesellschaftliche Funktion harmonierten ohne weiteres. Statt dessen kann die Rezeption von Gebilden von ihrem gesellschaftlichen Ursprung und Sinn bis zum Bruch sich entfernen.«[3] Die Stellung der Oper im Rahmen der zeitgenössischen Künste, worin sie sich unzeitgemäß behauptet, verdient eine intensivere Aufmerksamkeit als das bloße Konstatieren eines ›Anachronismus‹. Und wie Ernst Bloch der Kapitalismus zu interessieren begann, als dieser, seit Generationen totgesagt, munter weiterlebte, soll uns die Oper, insbesondere ihre zeitgenössische Darstellung auf der Bühne, zu genauerer Betrachtung Anlaß geben.
Auszugehen ist von dem Riß zwischen der Kunstform Oper und der gegenwärtigen Gesellschaft: Oper wird nicht rezipiert als das, was sie von ihrem Ursprung her einmal war – die Feier des sich emanzipierenden Individuums, das in der sinnlichen Präsenz des Gesanges gegen Herrschaft rebelliert, bis hin zur Selbstauslöschung –, und nicht als das, was sie immer noch sein könnte – die Repräsentation des Triebwesens Mensch, insistierend auf eine befreite Natur, und zwar eine durch Gesellschaft vermittelte und Gesellschaft vermittelnde Natur –, sondern Oper wird konsumiert als nivelliertes Produkt der herrschenden Kulturindustrie, musikalisch auf der Welle des Hits, szenisch auf der Ebene der Rührstory.
Die gängige Opernpraxis leistet diesem Verhalten Vorschub durch unreflektiertes Produzieren bis hin zur Karikatur. Alles

und jedes, was sich dem herrschenden Typus der Opern-Präsentation, diesen konzertanten Aufführungen mit kostümierten Opernschablonen im Guckkastenformat, widersetzt, wird pauschal mit dem Begriff des ›Regietheaters‹ stigmatisiert, so als wäre der Regisseur der Engel mit dem flammenden Schwert, der uns den Weg zurück zur ›goldenen Zeit der Oper‹ verwehrte. Jedoch, um mit Goethes Leonore zu sprechen, »die schöne Zeit, sie war, so scheint es mir, so wenig, als sie ist; und war sie je, so war sie nur gewiß, wie sie uns immer wieder werden kann«. Es ist der Regisseur, der heute an Autoren Statt tätig ist. Die Interpretation, verstanden als zeitgemäßes Verarbeiten stofflicher und stilistischer Tradition, lag einst in den Händen des Komponisten. Das neuproduzierte Werk und die Neuinterpretation waren identisch, denn die Opernkomposition selbst war bereits Auseinandersetzung mit Tradition und deren innovativer Weiterentwicklung; ein Blick auf die zahlreichen Vertonungen bereits vorhandener Sujets, häufig sogar unter Benutzung derselben Libretti, bestätigt dies eindringlich. Die Einheit von Produktion und Interpretation ist unwiederbringlich verloren, nicht aber die Möglichkeit, den geistigen Sinnzusammenhang der Werke *neu in Szene zu setzen*, eine Möglichkeit, die der Regisseur als Statthalter des Werkes zu realisieren hat.
Die geschichtliche Entwicklung der Opernregie beschreibt den Strukturwandel vom Autor zum Regisseur. Üblicherweise wird der Ursprung der Opernregie auf Richard Wagner zurückgeführt, dessen theoretische und praktische Überlegungen zu einer adäquaten Präsentation seiner eigenen Werke aus einem einzigen – für Wagner zentralen – Anliegen zu verstehen sind: ›Auf welchem Wege erreiche ich die richtige, von mir gewollte Wirkung auf den Zuschauer.‹ Seine Wirkungsästhetik bestätigt, daß die Konvention Oper als solche, und nicht

nur für ihn, schon im 19. Jahrhundert fragwürdig geworden ist. Sein Postulat des Gesamtkunstwerkes fällt nicht nur mit der zunehmenden Spezialisierung der einzelnen Künste zusammen, sondern auch mit dem Verlust kollektiv verbindlicher Erfahrung, die dem vereinzelten bürgerlichen Individuum kaum noch möglich ist. Ein Mangel an ästhetischer Wahrnehmungsfähigkeit erfordert die Organisation des Bühnengeschehens als Vergegenwärtigung des Sinnzusammenhanges mittels einer psychologischen Darstellungsweise und einer realistischen, somit optisch nachvollziehbaren Szenengestaltung. Auf diesen Forderungen des ›Dirigenten-Regisseurs‹ Wagner, weit mehr als auf den Erzeugnissen des ›Dichter-Komponisten‹, basieren die Opernreformen unseres Jahrhunderts, die dem Regisseur in fortschreitender Differenzierung die Autorität zuweisen, die Opernaufführung als ›Gesamtkunstwerk‹ zu veranstalten. Ausgehend von Gustav Mahler, der selbst keine Opern mehr schreibt, aber an der Wiener Hofoper die Reformierung der Opernszene im Bruch mit einem erstarrten Traditionalismus betreibt, über die Forderung des Dirigenten Otto Klemperer nach einer »Spiritualisierung der Oper«, die er als Leiter der Berliner Kroll-Oper in Form der »All-Tags-Oper« zu erreichen sucht, bis hin zu dem Regisseur Walter Felsenstein, der sein Programm des »realistischen Musiktheaters« an der von ihm gegründeten Komischen Oper in Berlin verwirklicht, zeigt sich das Bestreben, der Kunstgattung Oper ihre Würde zurückzugeben und ihren Gültigkeitsanspruch als zeitgenössische Kunst durchzusetzen.
So hat Opernregie heute nicht nur zwischen entlehnten Alternativen zu wählen, wie Adorno meinte, sondern ihre Aufgabe wahrzunehmen, »eine musikalische Handlung mit singenden Menschen zur theatralen Realität und vorbehaltlosen Glaub-

würdigkeit«[4] werden zu lassen. Nur in dieser Weise erfüllt sich der Begriff Regietheater, nicht im bewußtlosen Traditionalismus, nicht im Rekonstruieren der Originalität von Entstehungszeit und Autorwillen und nicht im postmodernen Zitatenpuzzle, wo alles verfügbar zu sein scheint und doch nur äußerlich gesetzt ist. Regietheater begreift Inszenieren als schöpferische Kunst, nicht als reproduktive, und definiert sich über die dialektische Werkbetrachtung und über die zentrale Funktion des Sängerdarstellers: Gelingt es, die Spannung zwischen Werktreue und künstlerischer Neuformulierung zu balancieren, und wird der singende Mensch auf der Bühne dazu gebracht, die Werkinterpretation in seiner Darstellung zu verkörpern und dem Zuschauer zu übermitteln – die Beantwortung dieser Fragen läßt uns unterscheiden, was Regietheater bedeutet und was des Kaisers neue Kleider sind.

Harry Kupfers Operninszenierungen provozieren in der Regel heftige ›Glaubenskämpfe‹, das Contra schreit ›Werkmißbrauch‹, und das Pro akklamiert Aktualisierung. Beide Seiten versäumen es in ihrem (Vor-)Urteil nachzuprüfen, ob dem jeweiligen Werk auf dem Theater zu seinem Recht verholfen wird oder ob es sich um eine Fälschung, um ein ›Falschspielen‹ handelt; den besten Beweis für die mangelnde Sachkenntnis bietet die Enttäuschung, worin sich die gegnerischen Parteien verbünden, wenn die Sensation augenscheinlicher Aktualisierung ausbleibt. Kupfers Werkverständnis widersetzt sich jeglicher Fetischisierung, weder strenge Werktreue noch vordergründige Neudeutung sind Kategorien seiner Interpretation. Vor dem Deutungsprozeß steht das genaue Lesen des Stückes, die Dechiffrierung von Text und Musik, gleichsam als archäologisches Aufspüren und Rekonstruieren des originalen Kunstwerkes. Ist für den Archäologen die Re-

Salome, Amsterdam 1988

konstruktion das Ziel, so ist sie für den Regisseur die Voraussetzung seiner Deutungsarbeit, die sich damit beschäftigt, aus unserer Gegenwart heraus das Werk zu befragen, Spuren aufzusuchen, die der Prozeß der Geschichte von der Entstehungszeit bis heute an dem Werk hinterlassen hat, und Verbindungen herzustellen zwischen aktueller Welterfahrung und historischer Situation.

Im Gegensatz zur Bestätigung ›zeitlos gültiger Werte‹, auf die sich eine strikte Werktreue so gern verpflichtet, erhebt Kupfer den Anspruch, auf der Bühne vorzuführen, daß die Themen der Oper für das Leben im Hier und Jetzt Gültigkeit besitzen. Zu verstehen ist das nicht als bloße Umkehrung der Blickrichtung, vielmehr als veränderte Perspektive, die eingestandenermaßen eine subjektive des zeitgenössischen Künstlers ist. Kraft sensibler Wahrnehmung der Realität und genauer Menschenbeobachtung, verbunden mit szenischer Phantasie und handwerklicher Metierperfektion, gelingt es ihm, das Bühnengeschehen gleichnishaft auf unsere Realität zu beziehen, ohne ins Partikulare abzuirren. Subjektivität, die sich am Gegenstand objektiviert, hat nichts von privater Meinungsäußerung an sich; sie geht einher mit dem, was leichthin als Stil kategorisiert wird, genauer aber mit individueller Handschrift zu übersetzen wäre. Darin enthalten ist Kupfers persönliche Haltung, die sich an Begriffen wie Aufklärung und Humanismus orientiert; daß diese nicht nur verbal konstatiert, sondern sich in konkreten Fragen, die an das Werk gerichtet werden, äußert und in der Inszenierung als Konflikt zwischen Ideal und Wirklichkeit, zwischen Ethos und Eros verarbeitet wird, bewahrt sie davor, zu Allgemeinplätzen philosophischer Schwätzerei zu verflachen.

Die unentwegte Beschwörung, Humanität sei das Thema der Oper, erweist sich durch den eklatanten Mangel an deren

Konkretion als gesellschaftliche Lüge. Mit der Akzentuierung des Einzelschicksals widersetzt sich Kupfer diesem Entleerungsprozeß. In der Prägnanz einer Fallstudie werden beispielhaft existentielle Fragestellungen entwickelt, worin das Individuelle, ohne seinen Eigencharakter zu verlieren, als bedeutend Allgemeines erscheint. Das ist Kritik an Systemen, an politischen und an ästhetischen, wie sie an den eindringlichen szenischen Deutungen der Opernfinali zur Anschauung kommt. Vom »deus ex machina« des Barocktheaters (im *Giustino* öffnet sich der Berg und gibt den Blick auf den orgelspielenden Meister Händel frei, auf dessen Eingreifen die Darsteller ihre Rollen ablegen und das »lieto fine« als Marionettentheater spielen), über die Lichtfanfare des Klassizismus (Leonores Rettungstat gerät zum statischen Revolutionstableau, und am Ende stehen zwei Särge auf der Bühne) bis hin zu Wagners Erlösungswahn (Senta stürzt sich aus dem Fenster und macht dem Wahn ein Ende) zeigt sich ausnahmslos die Skepsis an der Herrschaft der Harmonie und der Harmonie der Herrschaft. Nirgends ist Kupfer dem Gattungspathos der Oper näher als hier: Wie in der Kunstform Oper das leidende, das erotische, das nach Vereinigung drängende Subjekt über das Schicksal triumphiert und so Einspruch erhebt gegen eine ungerechte Realität, so führt uns der Regisseur die Einspruchsmacht vor in Gestalt eines reitenden Boten nach Brechtscher Manier, dessen Nein den tragischen Konflikt nicht löst, sondern den darin formulierten utopischen Anspruch noch weiterreicht an das Publikum, als bislang unerfüllten, noch nicht eingelösten.
Aufgrund dieser Prinzipien des Interpretierens und Inszenierens – beides gehört für Kupfer untrennbar zusammen – gelingen Aufführungen, die uns nicht nur eine beliebige Version des Regisseurs vorführen, sondern die das Werk selbst zur

Sprache bringen, dergestalt, daß auf der Bühne dargestellt wird, was durch Befragung dem Werk abgewonnen wurde. Eine Regiekonzeption wird sich immer auf diejenigen Aspekte konzentrieren, die aus der jeweiligen Fragestellung, die an das Werk gerichtet wird, resultieren und wird nie die Totalität eines Kunstwerkes umfassen können. (Jede Analyse wird bestimmt von ihren Prämissen und Methoden, und Interpretieren heißt immer auch: sich entscheiden für eine der vielen Deutungsmöglichkeiten, die das Werk bietet.) »Der Regisseur erscheint so nicht in vergrößerter oder verkleinerter Form in dem, was er inszeniert«, – wie Ernst Bloch über die musikalische Interpretation Otto Klemperers einmal festgestellt hat – »sondern nur das Werk war da, doch so, als wäre es zum ersten Mal erklungen, ... mit der ganzen Nachreife des Werks selbst, das in sich ja nicht abgeschlossen ist mit seinem Komponiertsein«.[5]
Das ›Neu-sehen‹ und ›Neu-hören‹ ist bei Kupfers Inszenierungen Folge eines Zusammen- und Wechselspiels der verschiedenen Ebenen, sowohl der Bedeutung als auch der Betrachtung von Werken, wie am Beispiel der Finallösungen bereits angedeutet wurde. Die historische Ebene, die aktuelle Ebene eines existentiellen Konfliktes, die subjektive Ebene als Bewußtsein der handelnden Personen, die Ebene des (Noch-) Nicht-Wahrgenommenen, durch Individuation und Zivilisation teilweise Verdrängten sowie die Ebene des Irrealen, die sich in konkreter Utopie oder schwärmerischer Hoffnung äußert, werden vorgeführt und verarbeitet auf der realistischen Ebene individuellen und kollektiven Handelns. Je nach Struktur des Opernwerkes und dessen theatralischer Umsetzung treffen die Ebenen zusammen oder kommentieren sich wechselseitig, sie begründen einander oder verbleiben in Widerspruch zueinander – hier zeigt sich die besondere Fähigkeit Kupfers, nach Textvorlage und musikalischer Komposi-

tion zu differenzieren. Aus diesem Beziehungssystem ergibt sich ein veränderter Realismusbegriff, der seine Herkunft aus dem »realistischen Musiktheater« Felsensteins nicht verleugnet, den Kupfer aber nicht epigonal tradiert, sondern durch neue szenische Darstellungsformen vom Modell der Abbildfunktionen befreit. Der Begriff Realismus dient in der Theaterarbeit Kupfers als ›kritische Instanz‹: Realismus wird eben nicht verstanden als Reduktion auf ein positivistisches ›So ist es!‹ (der Ignoranz all dessen, was ›nicht nach seiner Art ist‹), nicht als Negation der Erscheinungen, die im rational Faßbaren nicht aufgehen, sondern als Bezugspunkt für die unterschiedlichen Möglichkeiten psychischer Erfahrungen und physischer Erlebnisse.

Diese Mehrdimensionalität des Geschehens auf der Basis einer realistischen Erzählweise zieht sich wie ein roter Faden durch die Inszenierungen Harry Kupfers, von der Inszenierung des *Moses und Aron* (die früheste Arbeit, die ich von ihm gesehen habe) bis hin zu Wagners *Ring*-Tetralogie. Ein eindringliches Beispiel von diesem ›Spiel auf mehreren Ebenen‹ gibt die szenische Aufführung von Händels Oratorium *Belsazar* an der Hamburgischen Staatsoper – die Betonung liegt ausdrücklich auf Beispiel, denn ich möchte dem falschen Eindruck vorbeugen, dies sei das Grundrezept, nach dem Kupfer wahllos jede Oper aufbereite. Beispielhaft ist diese Inszenierung auch deshalb, weil das Oratorium, eine dem Theater zunächst fremde Kunstform, einen freieren Umgang mit dem ›Vokabular des Theaters‹ zuläßt; Kupfer sagte einmal, daß Händel für ihn zu den Erfindern des epischen Musiktheaters gehörte.

Händels Oratorium erzählt die biblische Geschichte vom Untergang Babylons und der Befreiung des Volkes Israel gleichnishaft für seine Zeit. Kupfer wählte als Spielort eine verfallene/zerstörte Synagoge; auf einer, den Raum nach hinten

Belsazar, Hamburg 1985
Walter Raffeiner (Belsazar)

absperrenden, Mauer patrouillieren bewaffnete Soldaten. Noch vor Beginn der eigentlichen Handlung versammeln sich hier Gefangene, eine gelbe Binde am Arm tragend. Sie beginnen, einander die Geschichte des babylonischen Königs Belsazar zu erzählen und im Spiel zu vergegenwärtigen. Die an der Wand erscheinende Schrift »Menetekel upharsin« prophezeit den Untergang von Belsazar, der von den Persern erschlagen wird, deren Herrscher Cyrus sich zu Jehova bekennt und den Juden die Freiheit gibt. Mit wenigen optischen Zeichen ist für die Zuschauer von Anfang an die Assoziationskette – Leid Israels unter babylonischer Gefangenschaft – deutsche Geschichte des NS-Judenmords – Gefangenenproblematik allgemein – hergestellt.

Die Gefangenen stellen nun die verschiedenen Parteien (Juden, Babylonier, Perser) im Wechsel von Identifikation und Distanz dar. Von den babylonischen Unterdrückern distanzieren sie sich in ihrem Spiel bis hin zur Anklage, wenn sie die Babylonier zu ihren tatsächlichen Bewachern in Beziehung setzen; andererseits können sie sich aber mit den belagerten Babyloniern aufgrund ihres Gefangenseins auch identifizieren. Desgleichen schwankt ihre Haltung zu den persischen Eroberern, die gleichzeitig die Befreier sind, zwischen Hoffnung und Resignation. Über die gesamte Handlung bleiben die Ebenen des Erzählten (Historie), des Erzählens (das Spiel in der Synagoge) und der Erzählenden (die Situation der internierten Juden) in Übereinstimmung, Kontrast oder Widerspruch gegenwärtig. Die aktuelle Ebene – Kupfer spricht allgemein gern von Gleichnis oder Parabel – tritt am deutlichsten in der Menetekel-Szene hervor, wenn ein Kind mit roter Farbe eine Bombe an die Mauer malt. Die Fülle von Assoziationen werden dem Zuschauer mit einfachen, dem improvisierten Rahmen angemessenen, szenischen Mitteln vorgestellt.

Die kritische Deutung der Erzählung im Spielvorgang beschränkt sich nicht auf Bild und Requisit, sondern wird initiiert und in konsequenter Weise durchgeführt von den Sängerdarstellern und den nahezu solistisch geführten Choristen. Jeder Spieler, der einen Gefangenen auf der Bühne darstellt, übernimmt eine Rolle in der Erzählung des Oratoriums, und er hat je nach Situation seine Haltung, seinen Kommentar zur dargestellten Figur auszudrücken. Das reicht von der Identität des Rabbi-Darstellers mit dem jüdischen Propheten Daniel und der Identifikation der Darstellerin einer Jüdin mit der Belsazar-Mutter Nitocris, über die Distanz des Darstellers eines jüdischen Gefangenen zu dem ›Befreier‹ Cyrus, bis hin zur Zurückweisung und Verweigerung desjenigen, der die Rolle des Belsazar zu übernehmen hat. Die Ablehnung, den Tyrannen zu verkörpern, geht so weit, daß eine überlebensgroße Puppe zu dessen Versinnbildlichung notwendig erscheint. Dem Sänger dieser Partie ist dadurch die Möglichkeit gegeben, sich an dem Spiel der Gefangenen zu beteiligen und seine Kritik, ja Aggressivität der Figur des Belsazar gegenüber auszuspielen und zu zeigen. Mit dieser Aufspaltung in Darsteller – Puppe wird der grundsätzliche Zweifel am Sinn der Darstellung des Belsazar in der Situation der Gefangenen nicht beseitigt: Der Sänger steigt immer wieder aus der erzählten Handlung und der Belsazar-Rolle aus, schwankend zwischen zynischer Ermutigung und trotziger Resignation. Wie dieser seine Position zum Darstellungsvorgang immer wieder neu finden und formulieren muß, so folgen auch die übrigen Mitspieler keinem festgefügten Rollenschema. Mit dem Fortgang des Geschehens verändern sich ihre emotionalen Reaktionsweisen im Spiel und ihre Stellungnahmen zum gesungenen Text.
Dieses Beispiel verweist auf das Zentrum der Kupferschen

Inszenierungsarbeit: »Das Entscheidende an einer Operninszenierung ist die Arbeit mit den Menschen. Der Sänger muß mit seinem Können die Idee realisieren. Die Idee des Bildes kann noch so genial sein, ohne den Menschen bleibt sie wertlos.«[6] Kupfers Confessio, sein Insistieren auf Verkörperung des Gedankens, erklärt auch die treffendste Analyse und noch die überzeugendste Regiekonzeption zu Makulatur. Sein Hauptinteresse, in teilnehmender Nähe und in kritischer Distanz, gilt der Menschendarstellung auf der Opernbühne, und die Faszinationskraft seiner Inszenierungen beruht im Wesentlichen auf seiner Kunst der Personenregie: »Psychothriller«, »emotionales Crescendo«, »psychologisches Raffinement«, »heilsame Schocktherapie« – die Reihe mit Zitaten, die seine psychologische Darstellungsform rühmen, ließe sich endlos fortsetzen. Schon diese willkürliche Auswahl an Charakteristika seiner Regiearbeit belegt, daß es Kupfer versteht, die psychische Situation einer Bühnenfigur umfassend zu entfalten und diese dem Zuschauer sinnlich erfahrbar zu machen.

Dabei wäre es allerdings verfehlt zu denken, seine Form der psychologischen Darstellung sei auf eine detailgetreue Nachzeichnung eines individuellen Charakters, auf eine genrehafte Beschreibung der Verhaltensweise eines Menschen, also auf Individualhandlung und Milieuschilderung beschränkt. In das Psychogramm der dargestellten Figur werden diejenigen Aspekte einer Person miteinbezogen, die dieser fremd sind, die sie selbst nicht wahrnimmt, die – von außen betrachtet – ihrem eigenen Charakter und subjektiven Handeln widersprechen. Das Innenleben einer Bühnenfigur nach außen zu kehren, psychische Zustände in die Sprache des Körpers zu übersetzen, das bedeutet, daß in dem Vorgang der Darstellung die Kritik an einer dargestellten Figur, an deren Verhalten und den Bedingungen ihres Handelns, mitformuliert und mit konkreten gesanglichen und darstellerischen Mitteln vorgeführt wird. Die Stellungnahme des Sängerdarstellers reicht, wie am Beispiel des *Belsazar* zu sehen ist, von der Identität mit dem Dargestellten über die vielfältigen Formen der Kritik daran bis hin zur Abgrenzung und Distanzierung vom Dargestellten.

Kupfers Probenarbeit, basierend auf der Prämisse, daß das Singen und Handeln auf der Opernbühne ein schöpferischer Akt zu sein habe, läßt sich als ein Prozeß der Bewußtmachung charakterisieren. Kraft seiner psychologischen Arbeitsweise wird der Sänger in die Verfassung gesetzt, seine gesanglichen und darstellerischen Mittel bewußt einzusetzen, um so der Komplexität einer Bühnenfigur gerecht zu werden. Die Vorgehensweise Kupfers ist von Anfang an darauf angelegt, eine Verbindung herzustellen zwischen der psychischen Oberfläche des Darstellers und der des Darzustellenden. Durch seine Feinhörigkeit für die Persönlichkeit eines Sänges werden die Widerstände des Darstellers, sich zu öffnen, überwunden, und es gelingt Kupfer, jenen Bereich des Innenlebens eines Sängers, der für die Darstellung benötigt wird, zu aktivieren. Nicht die Intimsphäre eines Sängers wird offengelegt, sondern wachgerufen werden Phantasie und Gefühlsregungen, die es dem Sänger erlauben, sich assoziativ einer psychischen Situation anzunähern.

Kupfers praktische Arbeit mit dem Sänger besteht weder darin, daß er eine Szene vorspielt, um damit ein genaues Abbild für die Darstellung zu geben, noch daß er verbal erklärt, wie die Darstellung einer Person auszusehen habe – es ist beides in einem, und doch keines von beidem ganz. Es wäre unsinnig, den Sänger mit ausführlichen Erläuterungen zu überschütten; damit erzielt man im günstigsten Fall nur Verwirrung, meist jedoch Ablehnung. Aber ebenso verfehlt wäre es, würde der Regisseur die Ausführung einer Rolle, je nach eigenem schauspielerischem Können, bis ins kleinste vorgeben; das hindert den Sänger mehr an der Entfaltung seiner Mittel, als daß es ihm hilft. Kupfers ›körperliches Erklären‹ oder ›erklärendes Verkörpern‹ (die jeweilige Gewichtung hängt von der Persönlichkeit des Sängers ab) ist geprägt von einer geistigen Konzentration und einer körperlichen Spannung, die sich auf den Sänger übertragen, was ihn in seiner Ausdrucksweise zwar bestimmt, aber nicht festlegt. Die fortschreitende Annäherung an die Rolle verläuft nicht als Prozeß der Nachahmung durch den Sänger, sondern geschieht in Form einer ›gestischen Erinnerungsarbeit‹ mit dem Sänger: Durch Kupfers Erzählweise, in der eine Fülle von Vergleichen und Beispielen aus allgemeinen Erfahrungsbereichen und individuellen Verhaltensformen vorgetragen und mit körperlichem Ausdruck vorgeführt werden, wird der Sänger angeregt, seine eigenen Einfälle, Gedanken und Assoziationen zu reproduzieren. Die dadurch veranlaßte Motorik wird im weiteren Probenverlauf nicht nur äußerlich gesteigert, sondern im Ausdrucksgehalt intensiviert. Aber das Ziel bleibt die Reproduktion auf psychischem Gebiet.

Auf jeder folgenden Stufe des Durcharbeitens werden neue Assoziationen wachgerufen, und damit treten andere Aspekte der Situation und der darzustellenden Figur ins Blickfeld. Das verstärkt die Wahrnehmung des Sängers für die Widersprüchlichkeit einer Person und erweitert die Facetten seiner Darstellung. Dies ist die Phase der wechselseitigen Übertragung: Je vielfältiger die Phantasie des Sängers durch den Regisseur angeregt wird, desto reicher kann jener seine Ausdrucksmittel entfalten; häufiger reproduziert er eigene Gedanken und bietet dem Regisseur eigene Darstel-

lungsvorschläge an. Es ist bezeichnend für Kupfer, daß er das Agieren des Sängers genau registriert und stets darauf bedacht ist, dem Sänger jeden Ausdruck, jede Haltung und jede Geste bewußtzumachen. Mit seinen Hinweisen gibt er dem Sänger neue Anknüpfungspunkte, um einen Gedanken klar reproduzieren zu können. Das führt am Ende dazu, daß die Motorik zu einer unwillkürlichen Äußerung der Gedankentätigkeit wird. Der Sänger singt und handelt auf der Bühne ganz aus dem Bewußtsein der Situation und des Augenblicks heraus, er wiederholt nicht Einstudiertes und Angelerntes, sondern zeigt einen Vorgang, den er gedanklich reproduziert. Die Rolle ist so zu seiner zweiten Natur geworden, aber einer artifiziellen, die es in jeder Aufführung neu zu erschaffen gilt.
Der Zuschauer wird so in die Lage versetzt, nicht (nur) mit einer Operngestalt mitzufühlen, sondern (auch) über sie nachzudenken. Dazu bedarf es weder des moralisierenden Zeigefingers der Belehrung noch des überdeutlichen Winks mit dem Zaunpfahl eines plakativen Verfremdungseffektes, wie Kupfers Opernaufführungen immer wieder beweisen. Wenn die Oper, nach den Worten Kupfers, »durch die Komplexität dieser Kunstform den ganzen Menschen in seiner Vielfalt, in seiner dialektischen Einheit von Verstand und Gefühl anzusprechen vermag«[7], kann die Alternative für die Inszenierungspraxis nicht lauten: entweder Identifikation oder Verfremdung. Pure Identifikation des Sängers mit der Rolle bewirkt beim Zuschauer eher sentimentale Gefühlsregungen, und sie führt zu keiner geistigen Erfahrung, die über adjektivische Verbalien wie ›grandios‹ oder ›toll‹ hinausreicht. In der Vergegenwärtigung der psychischen Situation eines Menschen auf der Bühne meint Verfremdung doch nichts anderes als jene Art von Distanz, die das Nahe, und besonders das

darin nicht Wahrgenommene, fernstellt, um es dadurch besser begreifen und genauer betrachten zu können. Wenn Zuschauer dabei ihr Befremden über eine ihnen seit je vertraute und ans Herz gewachsene Operngestalt äußern, dann sind sie auf dem besten Wege der Erkenntnis.

Gespräch mit Hans Schavernoch
Der bewegte Raum

Rupert Lummer: Ihre Arbeit ist entscheidend geprägt von der Verwendung moderner Technik im Bühnenbild. Besonders Ihre Bayreuther *Ring*-Konzeption verrät ein Interesse an technischen Organisationsformen und Abläufen, die den konventionellen Begriff des Bühnenbildes erweitern zu fließenden Rauminstallationen.

Hans Schavernoch: Eigentlich interessiert mich nicht in erster Linie der technische Aspekt, ich bediene mich nur einer möglichst weit vorangetriebenen und ausgefallenen Technik, die sonst auf der Bühne nicht angewendet wird. Technik ist für mich ein Mittel zur Verdeutlichung dessen, was das Bühnenbild zur Inszenierung beiträgt. Es wäre durch nichts zu rechtfertigen, sich überhaupt als Bühnenbildner zu betätigen, wenn dadurch nicht Dinge zum Ausdruck gebracht würden – sei es intellektuell oder emotional –, die im Grunde genommen durch die Arbeit des Regisseurs mit den Schauspielern oder Sängern nicht darzustellen sind. Nehmen wir das Stichwort Kinetik. Als Zuschauer bekommen wir eigentlich anhand der Menschen, die wir auf der Bühne sehen, Entwicklungen vorgeführt und fühlen, daß sie etwas mit uns zu tun haben, jeder kann ein breites Assoziationsfeld finden. Daraus ergibt sich eine Forderung an das Bühnenbild, die gar nicht zu übersehen ist, die aber so oft übersehen wird: in adäquater Weise und mit Gesetzmäßigkeit den Entwicklungsprozeß der

La Damnation de Faust, Amsterdam 1989
Jean-Philippe Lafont (Méphistophélès)

Handlung zu verdeutlichen, und damit eine Art von strukturierender Situation zu geben, die – fast überflüssig zu sagen – dramaturgisch ihre analytische Klarheit hat. Das hat zur Folge, daß ich mir denke, ein Bühnenraum, der unbewegt sein Dasein fristet, hat seine Aufgabe verfehlt. Der Raum soll einen Aufschluß vermitteln, der weit hinausgeht über Geographisches, Milieuschilderung, Illustration usw.

Lummer: Bemerkenswert an Ihren Arbeiten ist der Aspekt des Materials: die Raumlösungen für die *Zauberflöte* und den *Orpheus* in Berlin, für den Bayreuther *Ring* wie für *Die schwarze Maske* in Salzburg – mit der einzigen Ausnahme, die ich kenne, der Ausstattung zur *Lustigen Witwe*, die ein Filmstudio mit Kulissenbauten vorstellte – zeigen einen sehr bewußten Umgang mit modernen Materialien.
Schavernoch: Es ist mir sehr angenehm, daß Sie das so empfinden – etwas anderes würde ich wirklich nicht verfolgen wollen. Was heute am Theater generell passiert, macht mich sehr traurig, und ich glaube, ich würde überhaupt nicht ins Theater gehen, wenn ich damit nichts zu tun hätte. Dort sind ein Nicht-denken mit allem, was daraus folgt, aber auch formale Abgehangenheit und seltsame Abgelebtheit quantitativ leider bei weitem überwiegend. Das ist seltsam und erstaunlich, denn womit wir umgeben sind, was an uns herangetragen wird an Information und Bild, ist ja meist frischester Bauart und neuesten Datums. Ich kann nicht verstehen, warum das nicht ein Echo und einen Niederschlag finden sollte in dem, was wir tun, und zu einem Dialog führen sollte mit dem, was auf dem Theater geschieht. Außerdem sehe ich eine große Chance darin, im Material nicht nur die Eigengesetzlichkeit nutzbar zu machen, sondern zum Beispiel Wiedererkennungseffekte, und was vielleicht noch wichtiger wäre, Assoziationseffekte beim Betrachter zu erzielen. Für mich ist das Material eine Sprache, die man anwenden kann, ein Vokabular, das sehr reich und im Grunde genommen gar nicht begrenzt ist. Und nebenbei gesagt: Ich liebe auch den Wert einer Sache selbst für sich genommen, unverstellt.
Aber ich möchte diesen Umgang mit dem Material und den unbedingten Hang zu 1989 nicht als allgemeingültig verstanden wissen. Manches ist nicht so spannend, daß man ihm so-

fort wiederbegegnen müßte. Nein, die einzige Forderung sollte sein zu überlegen, was im Großen beabsichtigt wird und was im einzelnen Fall vermittelt werden soll.

Lummer: Trotzdem läuft die moderne Bildersprache auf der Szene Gefahr, sich in ihrem hohen ästhetischen Eigenwert zu verselbständigen und von dem, was auf der Bühne verhandelt wird, zu isolieren. Dem Zuschauer werden Assoziationen angeboten, die sich am Reiz des Materials erschöpfen und sich nicht mehr am Gegenstand objektivieren.

Schavernoch: Ich möchte sehr dafür plädieren, daß die endgültige Wahl einer Raumlösung, bis hin zum kleinsten Gegenstand, den jemand in die Hand nimmt, einer strengen Befragung über den Grad ihrer Berechtigung standhalten muß. Wie anfällig ich selbst für Ausrutscher auf diesem Gebiet bin, ist eine andere Frage. Sicher kann ich nicht sagen, daß ich frei davon bin, aber ich versuche jedenfalls, genau hinzuschauen und mir zu überlegen, inwieweit etwas ausreichend begründbar ist.

Lummer: Wenn ein Raum nicht mehr gesehen wird als Ort, wo sich etwas ereignet, sondern mit dem sich etwas ereignet, der sich selbst im Zustand des Belebtseins befindet, wäre es in letzter Konsequenz doch unmöglich, noch realistische Bühnenbilder herzustellen.

Schavernoch: Selbst wenn es ein realistischer Raum wäre, müßte eine surreale Komponente oder eine der Auflösung in Richtung Abstraktion hinzukommen, auf jeden Fall etwas, was in dieser Form nicht zu erwarten wäre. Ich will es nicht mit einem Allgemeingültigkeitsanspruch belegen, aber was mich am Bühnengeschehen interessiert, ist nicht einzufassen mit dem Begriff Realismus. *Orpheus* ist ein gutes Beispiel dafür: Der Raum muß aus sich heraus, in verknappter und dadurch überraschender Weise, diese eigenartige Bewegung

Orpheus und Eurydike, Berlin 1987
Jochen Kowalski (Orpheus), Dagmar Schellenberger-Ernst (Eurydike)

hervorbringen, dieses Sich-Durchdringende und In-Grenzen-Verschwimmende zwischen wirklichem Erleben und einer Gedankenwelt aus Obsessionen, Ängsten, Wunschträumen sichtbar machen.
Wir kommen damit zum Thema überhaupt: ›Wie hält man es mit der Illusion?‹ Ein mönchisches Sich-Fernhalten von allem, was damit zu tun hat, wäre in gleicher Weise öde, wie es nur damit zu halten. Jedoch ein Spiel damit anzustellen – vor-

ausgesetzt, daß es einen Aufschluß über das Werk vermittelt – hat seine Berechtigung, und das tue ich auch gern.
So ein Fall war die Bühne für *Die schwarze Maske.* Im Grunde genommen war es ein Raum, der auf den ersten Blick sehr realistisch wirkte, der es aber überhaupt nicht war, er hat an einem Abend Wandlungen bis zur Selbstvernichtung durchlaufen.
Angefangen hat es mit meiner Arbeit für Ibsens *John Gabriel Borkman* in der Inszenierung von Tölle. Das Schauspiel hat vier Stationen: Die ersten drei Akte spielen im Haus, der Schlußakt spielt im Freien. Tölle, der eigentlich Fernsehregisseur ist, meinte, die Figuren gingen hinauf auf den Berg, ins Eis. Mich beschäftigte damals der Gedanke – und inzwischen bin ich ein extremer Verfechter dessen –, daß keine Unterbrechung im Verlauf der theatralischen Ereignisse stattzufinden hätte. Ich wollte vielmehr zeigen, was mit Borkmans bisherigem Leben passiert. Es ist ein Weg ohne Wiederkehr, der da beschritten wird.
›Ohne Wiederkehr‹ – das würde ich eigentlich gern erweitern auf jegliches Stück und auf jegliche Arbeit, die ich mache. Es sind alles Wege ohne Wiederkehr: Weder die, denen wir begegnet sind, noch wir selbst sind dieselben, die wir vorher waren. Erst dann ist ein Abend groß, wenn eine nicht reversible Entwicklung stattgefunden hat und wenn der Zuschauer zu einer Erkenntnis gelangt ist, die er vorher nicht gehabt hat, – und sei es auch nur das Auffrischen einer Erkenntnis, die in Vergessenheit geraten war oder sich in dieser Form noch nicht dargestellt hatte.
Für *John Gabriel Borkman* habe ich einen sehr großen, ovalen, holzgetäfelten Raum entworfen, der außer ein paar Möbelstücken völlig leer war und einen gewissen Grad an Abstraktion hatte. Er bestand aus einer Art additivem System

von kassettierten Flächen, dunkel polierten Hölzern mit Abschnitten dazwischen, die an Fensterläden erinnerten. Die Flächen begannen sich, seitlich zueinander versetzt, sehr langsam zu öffnen, und in das Dunkel fielen grelle Lichtstreifen herein. Der Raum begann, sich in Zeitlupe aufzusplittern, er schien sich in sich selbst zu zerlegen. Durch die Öffnungen sah man den Raum umstanden von hohen, weißen, nach vorn geneigten Flächen, die den Eindruck von Schneewächten oder Eisflächen vermittelten. Als nächstes begannen sich diese Flächen in verschiedenen Winkeln hereinzuneigen und diesen Raum zu penetrieren. Dadurch, daß sich die Stellung der Flächen in ihrem Winkel zum Boden, zu den Wänden und vor allem zu den Lichtquellen geändert hatte, entstand ein multiples Spiel von Licht und Schatten, das sich über die ganze Szene ausbreitete. Simultan dazu wurde der tiefe Portalstand der ersten Bilder zur äußerst möglichen Höhe aufgefahren. Die Möbel blieben unverändert stehen, die Lampe auf dem Tisch brannte noch – Borkman und die Frau wanderten dazwischen hindurch, und in dem Moment, als sie vorn standen, war dieser Bewegungsablauf, der ganze vierzig Sekunden dauerte, abgeschlossen.
Das war für mich eine Art Initialerlebnis dessen, was Raumarbeit sein könnte. Diese Bilder habe ich Kupfer gezeigt, als wir uns zum ersten Mal getroffen haben. Und diese Bilder waren es – er wollte gar nichts anderes von mir sehen –, die ihn bewogen haben zu sagen, wir werden jetzt zusammenarbeiten.
Das Exzeptionelle an Kupfer ist, daß er mit Räumen virtuos umzugehen und sie mit einer zusätzlichen hohen Sinngebung zu füllen weiß. Er besitzt ein architektonisches Empfinden, ein kompositorisches und formales, in einem Grad, einer Blüte wie sonst keiner!
Lummer: Wie sieht Ihre Zusammenarbeit aus? Finden von

Anfang an eingehende dramaturgische Besprechungen statt, oder werden zunächst nur Absprachen getroffen, die eine gemeinsame Richtung formulieren?

Schavernoch: Kupfer ist sehr ungeduldig, und das finde ich prima. Er will keine Zeit verlieren, für bestimmte Dinge nimmt er sich enorm viel Zeit und für manche kaum, aber das geschieht nicht aus Interesselosigkeit heraus, sondern aus einem Wissen, daß Ökonomie etwas sehr Wesentliches ist. Dazu kommt aber auch eine berechtigte Erwartungshaltung seinen Partnern gegenüber, ein Wort muß unter Umständen genug sein, um einander zu verstehen. Er duldet keine langen Erklärungen, keine Weitschweifigkeiten, und vor allem setzt er Mündigkeit beim Visavis voraus – etwas anderes würde ich auch nicht ertragen.

Wenn wir über eine Oper reden, dann werden peripher so ein paar Dinge gestreift, Klimatisches eher, wir fragen, was uns an dem Stoff interessiert, warum wir uns jetzt damit beschäftigen wollen und was wir damit erreichen wollen. Wenn Kupfer über Stücke spricht, ist es im Grunde genommen kein schlampig-flüchtiges Berühren von Sachen, obwohl es eine Flüchtigkeit ohne Oberflächlichkeit in sich hat. Er spricht dann eigentlich mehr über das Leben als über die Stücke oder über Probleme, die wir alle haben, und deren Verflechtung, sehr synoptisch, mit seinem großen Wissen um die Menschen und ihre Freuden und Leiden. Was mir immer wieder auffällt bei ihm: Er kennt die Menschen wie kein anderer. Deshalb betrifft seine Theaterarbeit auch so. Einmal dieser Art wissend geworden, interessiert einen auch kaum mehr etwas anderes.

Nach diesem kleinen Dialog erwartet er, daß ich ihn konfrontiere mit Vorschlägen, Lösungen, Formen, die ihn gleichermaßen befremden und überraschen, wie sie ihm das Gefühl ge-

Der steinerne Gast, Berlin 1988
Stephan Spiewok (Don Juan), Dagmar Schellenberger-Ernst (Donna Anna), Bernd Grabowski (Denkmal des Komturs)

ben, darin zu Hause zu sein, obwohl er selbst diese spezielle Form nicht gefunden hätte. Er bräuchte mich ja sonst nicht. Meine Lösung muß mit seiner Interpretation eine Kongruenz eingehen und sich bewußt auf einer anderen Ebene als der Darstellungsweise durch die Regie befinden – das ist seine Erwartung.

Lummer: Ist diese Lösung, die Sie ihm vorschlagen, identisch mit der endgültigen Realisierung auf der Bühne, oder finden noch Veränderungen statt? In seiner Regiearbeit vertritt Kupfer das Prinzip, nicht an der ursprünglichen Lösung festzuhalten, falls sich im Verlauf der Arbeit Neues und Besseres ergibt.

Schavernoch: Diese Haltung hat er wohl, er würde nicht zögern, etwas gänzlich zu ändern, schon aufgrund seiner Offenheit, aber de facto findet das nicht statt. Kupfer weiß so genau, was er machen will und wie er es erreichen kann, daß es gar nicht zu einer Änderung kommt – von kleinen Details abgesehen. Er ist perfekt vorbereitet, kennt jeden Takt, jede Note, und über seine Kenntnis der Musik sind selbst Dirigenten immer wieder erstaunt.

Also: Es gibt keine Fassungen, keine Änderungen, es gibt kein ›Gerangel‹. Unsere Geschichte verlief bisher so, daß wir uns immer in erster Lesung verständigt haben. Besehen wir gemeinsam das Modell, weiß er in einer Sekunde, was er damit machen kann. Das kenne ich sonst bei niemandem: diese Schnelligkeit der Beurteilung und der Übersicht, was für ihn daraus zu gewinnen ist. In allem, was wir zusammen machen, kennen wir keine Aufenthalte.

Hans Schavernoch, geboren 1945 in Gmunden, studierte von 1963 bis 1967 an der Akademie für angewandte Kunst in Wien. Nach diversen festen Engagements als Bühnenbildner ist er seit 1980 freischaffend tätig. Er schuf Bühnenbilder sowohl für Schauspiel- als auch für Operninszenierungen, u. a. am Residenztheater in München, am Schiller-Theater in Berlin, an der Deutschen Oper in Berlin, an der Komischen Oper in Berlin, an den Opernhäusern in Köln, München, Wien, Amsterdam, Paris, London, New York und für die Festspiele in Salzburg und Bayreuth.

Gespräch mit Gerd Albrecht
Permanenter Kampf um Verständlichkeit

Rupert Lummer: Die Bedeutung der musikalischen Interpretation im Musiktheater scheint auf ein Minimum reduziert zu sein: Einerseits wird sie benutzt als Vehikel, um gegen die szenische Interpretation zu polemisieren (hier das Gültige in der Musik, dort der Mißbrauch und die Verfälschung durch die Szene), und andererseits wird sie in ihrer Eigenbedeutung gar nicht mehr wahrgenommen. Heutzutage werden in Kritiken die Gesangs- und Orchesterleistungen in knappen Schlußkapiteln pauschal abgehandelt, was den Eindruck vermittelt, es handele sich um Filmmusik. Wie erklären Sie sich diesen Prozeß musikalischer Verdummung?
Gerd Albrecht: Wie jede geistesgeschichtliche Entwicklung vollzieht sich dieser Prozeß in einem Bewegungsverlauf zwischen Tal- und Wellenhügeln: Zu Anfang unseres Jahrhunderts waren die Kapellmeister und Abenddirigenten der Oper nicht einmal auf dem Plakat oder im Programmheft abgedruckt, selbst wenn es große Leute wie Bruno Walter, Felix Mottl oder Hermann Levi waren. Mit Gustav Mahler und Arthur Nikisch (etwas vorgezogen bereits mit Hans von Bülow, der aber seinerzeit auch noch nicht auf dem Programmzettel stand) und in der Folge mit Arturo Toscanini begann die große Verherrlichung des Kapellmeisters. Plötzlich wurden die Dirigenten überschwenglich gefeiert, während die Regie noch gar nicht existierte.

Sie waren nun die großen Götter der Interpretation – die Sänger waren es schon immer gewesen –, und noch früher interessierten in erster Linie die Komponisten. Die Regisseure eroberten die Oper erst ein Vierteljahrhundert nach dem Kapellmeister. Allgemein kann man sagen, daß der Komponist zu einem Zeitpunkt uninteressant wurde, da er – verglichen mit früheren Jahrhunderten – nicht mehr so viel produzierte und der Dirigent später an Interesse verlor, weil der Regisseur, der Jahrzehnte oder Jahrhunderte im Nichts war, sich mehr und mehr in den Vordergrund schob.
Ich pflege immer zu sagen: »Es gibt zwei große Scharlatanberufe am Theater, der eine ist der des Dirigenten, und der zweite ist der des Regisseurs!« Der Dirigent ist es aber nur bis zu einem bestimmten Punkt – wir haben da immer noch die Korrektur durch die Partitur.
Ein Regisseur kann in seinen Freiheiten – deshalb der Begriff der Scharlatanerie – wahnsinnig weit gehen, während die Partitur uns Dirigenten noch bindet. Deshalb ist es selbstverständlich auch viel interessanter für einen Kritiker, sich mit der Regie zu beschäftigen. Wenn ich ein Allegro vivace in ein Allegro sostenuto verwandle, dann finden das einige Leute vielleicht noch ganz toll. Wenn ich aber aus einem Allegro vivace ein Allegro assai mache, dann bekomme ich die rote Karte gezeigt – obwohl es auch das unter Dirigenten gibt und manche Kritiker es hinreißend finden. Aber ein Regisseur kann aus einem Allegro vivace ein Larghissimo grandioso machen, er ist nicht tempomäßig gebunden – wenn er auch durch die Musik in der Oper etwas mehr als im Sprechtheater festgelegt ist. Der Schauspielregisseur hat die Gnade der selbst erfundenen Pause! Wir Opernmenschen haben diese Gnade nicht in der Form, obwohl auch hier die Freiheiten größer sind, als man zunächst vermuten würde.

Besonders deutlich wird das in der Zusammenarbeit mit Harry Kupfer, der einer der musikalischsten Regisseure überhaupt ist. Wenn ich zum Beispiel auf einer Klavierprobe zu Kupfer sage: »An der Stelle möchte ich die Fermate noch etwas länger« – das ist ja diese Freiheit –, dann ist er immer der erste, der meiner Forderung zustimmt. Die Freiheit der Fermate ist das einzige, was im Musiktheater mit dem Schauspiel vergleichbar ist. Daneben können auch Musiktheaterregisseure in der Aufbereitung eines Stückes – das heißt durch die Festlegung, in welcher Zeit, in welchen Kostümen, an welchem Ort eine Oper spielt – Dinge machen, die in den Freiheiten exorbitant sind, das ist natürlich hochinteressant, weil dasselbe Stück jedesmal anders aussieht. Als Dirigent kann ich aus dem *Don Giovanni* kein Acht-Stunden-Stück machen und auch kein Fünfzig-Minuten-Stück, aber ein Opernregisseur kann, um beim Vergleich mit der Freiheit des Dirigenten zu bleiben, daraus sowohl ein Achtzehn-Stunden-Stück als auch ein Dreißig-Minuten-Stück machen.

Lummer: Die Frage ist, inwieweit sich Dirigenten überhaupt mit Fragen der Interpretation beschäftigen. Der Vorwurf der Regisseure, sie müßten den musikalischen Leitern erklären, wie diese etwas zu interpretieren hätten, rührt an das Selbstverständnis heutigen Musizierens. Angestrebt wird ein abstraktes, meist gehaltloses Klangideal, orientiert an technischer Perfektion und fernab von einem konkreten Interesse an der Beschäftigung mit einem Werk. Haben die Dirigenten nicht selbst Anteil daran, daß sie einen Großteil ihrer Macht abgeben mußten?

Albrecht: Das ist ein Aspekt, ein anderer Aspekt aber ist viel wichtiger: Der ›normale‹ Dirigent ist in der Regel kein theatralischer Mensch. Dirigenten interessieren sich nicht für die Szene, sie sind auf diesem Gebiet auch nicht professionell; sie

Das schlaue Füchslein, Köln 1987

sind keine optischen Menschen – ein Regisseur muß immer ein optischer Mensch sein, der Dirigent ist in erster Linie ein akustischer Mensch. Das ist der eine Punkt, und damit haben sie schon einen sehr wesentlichen Teil der Macht zu Recht überhaupt nicht in ihren Händen!

Der zweite Punkt ist die heutige Situation eines Dirigenten. Dieses großartige Gerede, das in den letzten fünfundzwanzig Jahren aufgekommen ist, hören Sie von vielen Fachkollegen: »Ich bin von der ersten Bühnenprobe an da!« Na, dann schauen Sie sich einmal an, wie das wirklich ist.

Ein Blick in die Programme der Opernhäuser und Konzertveranstaltungen genügt, um zu sehen, daß Dirigenten international gefragte Personen mit ausgebuchten Terminkalendern sind. Jeden Probentag, den ich mit Kupfer verbringe, bekomme ich zwar vom Theater hoch honoriert, aber ich könnte das Zehnfache verdienen, wenn ich in London oder Paris noch ein Konzert dirigierte oder irgendwo noch eine Schallplatte einspielte. Und dieser Versuchung widerstehen nur sehr wenige Kollegen, abgesehen davon, daß nur die wenigsten von ihnen sich für den theatralischen Vorgang interessieren.

Und jetzt zum Kern Ihrer Frage: Ich habe es in all meinen Jahren nie erlebt, daß ein großer Regisseur einer ebenso starken Dirigenten-Persönlichkeit einen musikalischen Vorschlag abgelehnt hat, wenn dieser nicht erst auf einer Hauptprobe mit Orchester oder einen Tag vor der Generalprobe, sondern zu Beginn der gemeinsamen Arbeit vorgebracht wurde. Ich gehöre zu den Leuten, die Theater deswegen dirigieren, weil sie sich für theatralische Vorgänge mindestens ebenso interessieren wie für Musik; wer das nicht tut, der sollte Konzerte dirigieren.

Das ganz Besondere an Harry Kupfer ist, daß er in die Musik mit überempfindsamen Sensoren hineinhört und immer wieder hineinhört. Ich bin zwar überzeugt, daß er eine Partitur von Reimann oder Ligety nicht so perfekt lesen kann, wie Ponnelle das konnte, aber er hat ein untrügliches Ohr für musikalische Zusammenhänge, für Pausen, für Verdichtungen. Das ist das Faszinierende an der Arbeit mit ihm. Er besitzt diese Fähigkeit in einer Form, wie ich sie sehr selten bei einem anderen Regisseur gefunden habe; deshalb ist er auch einer meiner Lieblingsregisseure. Wenn ich Kupfer auf der Probe etwas vorschlage, dann ist das wie bei einem guten Tennisspiel: Ich schlage auf, und er retourniert! Eigentlich ist das der Grund, weshalb mich die Opernarbeit überhaupt interes-

siert: Diese gemeinsame Arbeit mit dem Regisseur, schon in szenischen Klavier- und musikalischen Ensembleproben, aus der sich die Inszenierungsform herausentwickelt.
Ich muß ehrlich sagen, daß ich Kupfer in allen Opernproduktionen, die wir miteinander erarbeitet haben, für meine Interpretation gewonnen habe. Ein Beispiel ist der *Belsazar* in Hamburg. Als Grundidee hatte ich gesagt: »Der Hamburger Orchestergraben ist relativ klangungünstig für Streicher. Da die Händelsche Musik auf dem Streicherklang basiert, brauche ich bitte einen Orchestergraben, der hochgefahren ist.« Aus diesem Wunsch von mir ist überhaupt die ganze Inszenierungsidee geboren worden. Wir haben zunächst eine Bauprobe nur für den Orchestergraben gemacht, und die Gestaltung des Bühnenbildes hat sich danach gerichtet. Als wir feststellten, daß bei einem so hochgefahrenen Orchester die Pauken und Trompeten keinen Platz mehr hatten, haben wir die Pauken und Trompeten als Bühnenmusik, wie eine Kampfesmusik von der Bühne her, eingesetzt. Als auch das Continuo, das die Sänger in den Secco-Rezitativen begleitete, keinen Platz mehr im Orchester fand, haben wir Cembalo und Cello hinten auf die Bühne, in den Chor hineingesetzt. Kurz: Aus einer musikalischen Überlegung hat sich etwas Szenisches ergeben, wie auch umgekehrt.
Lummer: Diesen entgegengesetzten Vorgang, daß ein szenischer Gedanke die Musik beeinflußt, sollten Sie näher beschreiben. In welcher Weise nimmt ein Regisseur wie Kupfer Einfluß auf die musikalische Gestaltung, sowohl direkt im Dialog mit Ihnen auf der Probe als auch indirekt in seiner Arbeit mit den Sängern?
Albrecht: Da ich nun wirklich bei den ersten Proben immer dabei bin und Kupfer meistens an den Ensembleproben, die ich vorher mit den Sängern mache, teilnimmt, ist es von Be-

ginn an eine intensive Zusammenarbeit. Ein gutes Beispiel dafür ist die Figur des Försters in unserer Inszenierung vom *Schlauen Füchslein* in Köln: Am Ende der Oper ist es so, als ob der Förster an einem Herzinfarkt stürbe; die bedrohliche Musik, die Janáček vor dieser Stelle komponiert hat, wird normalerweise immer sehr zum schönen Klang hin musiziert. Wie ich aber bemerkte, daß Kupfer die Darstellung zum Herzinfarkt hinführte, habe ich die Musik dort, wo er den Infarkt bekommen könnte (diese vier Hörner, solo, mit den Unterbrechungen), in einem Wahnsinnstempo und in einer unglaublichen Brutalität genommen – und das hat seine Idee noch verstärkt. Die Arbeit mit Kupfer ist immer ein Geben und Nehmen.

Lummer: Diese Form der Zusammenarbeit scheint mir untypisch zu sein. An den Opernhäusern verlaufen die Arbeitsprozesse der musikalischen Einstudierung und der szenischen Erarbeitung vollkommen getrennt voneinander. Resultiert daraus nicht notwendig ein Nebeneinander von Musik und Bühne?

Albrecht: Im Normalfall ist es so, daß der Regisseur schon lang arbeitet, wenn der Kapellmeister mit den Proben beginnt, er macht zwei, drei Ensembleproben, danach die Orchesteralleinproben, und dann treffen sich beide wieder in den Endproben. Ich dagegen bin und war immer der Meinung, daß es anders zu sein hat: Der Kapellmeister muß die musikalischen Proben abgeschlossen haben, bevor der Regisseur seine Erstbesprechung macht. Im weiteren Verlauf der Arbeit sollte der Dirigent bei jeder Regieprobe anwesend sein, so lang er kann – er muß sich ja auch absentieren, um Orchesteralleinproben abzuhalten. Ebenso verlange ich von einem Regisseur, daß er bei den Orchesterbühnenproben vor der Premiere bei mir ist und nicht, wie verschiedene Starregisseure, auf einer Bühnenbauprobe an einem anderen Theater oder in einem Fernsehstudio, um einen Film zu schneiden. Das ist eigentlich eine Conditio – wenn es sie nicht gibt, so ist das ein Mangel an Charakter und Professionalität. So hart muß man das einmal sagen.

Lummer: Demnach wären die Organisationsstrukturen an einer Opernbühne nicht verantwortlich für die gängigen Produktionsmechanismen?

Albrecht: Überhaupt nicht! Man erzählt sich von Clemens Krauss und auch von Wilhelm Furtwängler, daß sie in Bayreuth von der ersten Klavierprobe an mit dem Regisseur zusammensaßen. Heutzutage, wenn man, wie ich, aus der deutschen Tradition kommt, muß man bei den großen Stücken sogar noch weiter gehen und alle wichtigen Partien der Oper selbst repetieren, also mit dem Sänger am Klavier einstudieren. Die Tatsache, daß es zum großen Teil nicht geschieht, hat nichts mit Hierarchie oder organisatorischen Dingen zu tun, sondern sie beruht schlicht und einfach auf einer dummen Konvention.

Lummer: Der musikalischen Repetition einer Partie – im Idealfall mit dem Dirigenten – folgt deren szenische Umsetzung auf der Bühne. Nun erschöpft sich aber Kupfers Engagement nicht in formalen Bühnenanweisungen, sondern zielt auf einen darstellerischen *und* gesanglichen Gestus. Wie stark wirkt durch Kupfers Arbeitsweise das Darstellerische auf die Art und Weise des Singens ein?

Albrecht: Kupfer ist durch seine Frau sehr stark mit dem singenden Menschen verbunden; sie war eine sehr gute Sängerin und ist heute eine hervorragende Gesangspädagogin. Jeder gute Opernregisseur entwickelt eine bestimmte Choreographie für eine Inszenierung, wie auch jeder Schauspielregisseur; aber in der Oper ist sie noch wichtiger, weil der Sänger

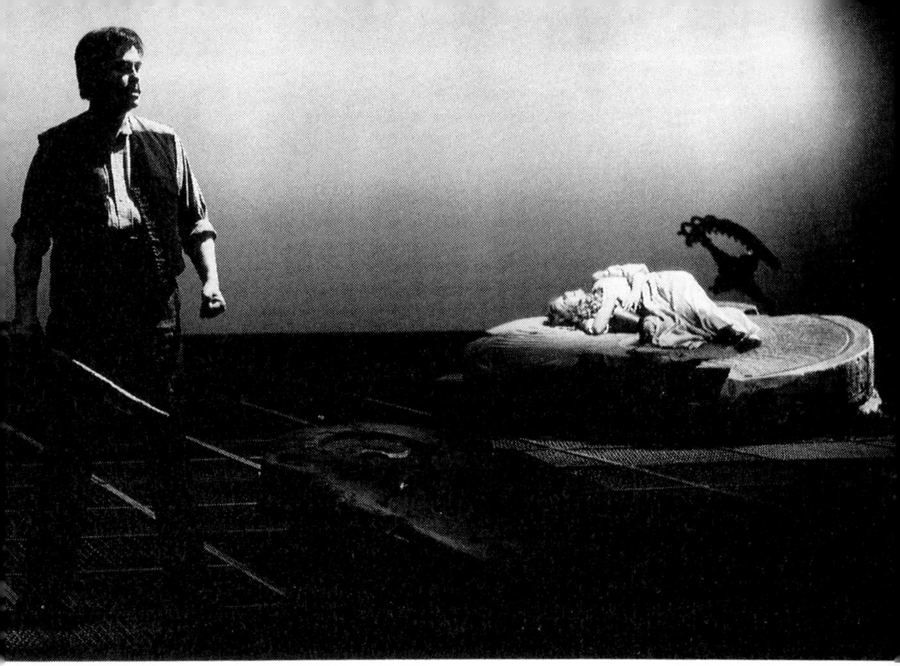

Jenufa, Köln 1981
Josephine Barstow (Jenufa), René Kollo (Laca)

für gewisse Bewegungsabläufe eine Choreographie braucht. Noelte zum Beispiel verlangte in seiner *Pique Dame*-Inszenierung von einem Sänger: »Können Sie das nicht wie ein Offizier spielen, der lässig auf einer Parkbank sitzt?« Darauf mußte ihm der Sänger antworten: »Nein, das kann ich nicht! Wenn ich als Bariton bis zum hohen G hinauf muß, geht das nicht ohne Stütze.«
So etwas kommt bei Kupfer nun gar nicht erst vor. Ich hatte nie den Eindruck, daß er sich, wie viele andere, mit Strichmännchen im Regiebuch ein detailliertes Szenario erstellte – vielleicht macht er so etwas auch, aber dann macht er es so geschickt, daß keiner es merkt. Man hat bei ihm wirklich das

Gefühl, daß er aus dem Augenblick heraus und mit dem Menschen arbeitet, der vor ihm steht. Wenn er mit einem Sänger eine Partie anlegt, dann geht er sehr konkret auf die Person des Darstellers ein, und in der Arbeit mit dem Dirigenten entsteht plötzlich das Bild dieser Szene; die Regieassistenten haben währenddessen den Ablauf der Szene genauestens festzuhalten. Oft passiert es bei der Wiederholung einer Szene, wenn die Assistenten einwenden: »Aber Herr Kupfer, das war gestern so und so angelegt«, daß er darauf antwortet: »Was geht mich das blöde Gequatsche von gestern an«, – und er macht die Szene neu. Ist aber die endgültige Form einer Szene gefunden, prägt sich ihm diese definitive Version sehr exakt ein. Zur Wiederaufnahme von *Belsazar* kam er für die Choreinstudierung nochmals nach Hamburg, dabei habe ich erlebt, daß er, ohne in den Klavierauszug zu sehen, für einen 78köpfigen Chor, der individuell aufgeteilt war, genau wußte, was welcher Chorist an welcher Stelle machte.
Kupfer ist ein sehr guter Regisseur, aber er ist der Weltmeister in der Chorbehandlung. Während sehr viele Profis Hosenflattern bekommen, wenn sie einem Haufen von achtzig oder hundert Mann gegenüberstehen, lebt Kupfer dann erst richtig auf. Die Chöre lieben ihn aus diesem Grund auch bedingungslos. Er kann einen Chor so individuell führen, daß jeder einzelne das Gefühl hat, er sei permanent die wichtigste Person und trotzdem in eine Gruppe eingebunden. Das ist überhaupt charakteristisch für seine Arbeit mit Sängern.
Eine wesentliche Eigenschaft Kupfers ist, daß er eine extrem hohe Körperspannung besitzt. Aus dieser Spannung heraus hat Kupfer, der nach einer Chorprobe klatschnaß ist, wie ein Dirigent nach einer Orchesterprobe, ein besonderes Verständnis für einen Sänger, der ja auch in extremen Spannungen singen sollte (wenn er nicht so ein vollgefressener italienischer

Bariton ist, der sich einfach hinstellt und mit seiner herrlichen Stimme losblökt). Daraus resultieren dann ganz besondere Spannungsabläufe. Es gibt Menschen, die diese Spannung in der Form gar nicht haben und auch nicht übertragen können. Beobachtet man Kupfer eine Zeitlang, bemerkt man diese typischen Haltungen und Gesten ... das sitzt bei ihm einfach im Körper. Wenn er in Proben von großen Szenen oben auf seinem Podest steht, um alles überblicken zu können, erinnert er mich an eine Mischung aus einem Agitator und einem guten Fußballtrainer, der schreit: »Links außen, Tor, ja, noch mal Tor!« Er rief zum Beispiel der Schlemm (sie spielte die Küsterin in *Jenufa*) zu: »Anny, ja, gib es ihr, ja, ja, ja!« wie ein Boxpromotor, der am Ring sitzt und die Szene bis ins letzte miterlebt und sagt: »Jetzt hau' ihm noch eine drauf, beim nächsten Mal steht er nicht mehr auf!« Dadurch entsteht eine ganz besondere Form der Spannung, die er auch beim Sänger erwirkt.

Lummer: Ich nehme an, daß Sie als ›theatralischer Mensch‹ – wie Sie sich selbst bezeichnet haben – präzise Vorstellungen von szenischen Abläufen haben. Geht die gemeinsame Arbeit an einer Inszenierung mit Kupfer ohne Konflikte vor sich?

Albrecht: Es muß immer Konflikte geben. Ich habe sehr oft das Gefühl gehabt, daß sich Kupfer vom Bühnenbildner hat überwuchern lassen. Diesen Vorwurf habe ich ihm auch gemacht, denn ich mag ›mitspielende Bühnenbilder‹ nicht so gern. Ich finde, das Zimmer im zweiten Akt der *Jenufa* bräuchte nicht noch dieses Ersticken und Ängstigen auszustrahlen, die Angstgefühle müßte allein die Darstellerin der Küsterin ausdrücken; dazu brauche ich nicht zusätzlich ein zusammenfahrendes Bühnenbild. Das ist für mich so ein spätexpressionistisches, dem ›Schwarzen Theater‹ nachempfundenes Gruselkabinett. Dagegen habe ich immer protestiert,

zum Teil mit Glück, zum Teil ohne. Beim *Schlauen Füchslein* hat er selbst einen Witz darüber gemacht und gesagt: »Ich sehe, daß die letzten Probentage uns nur noch damit beschäftigen, ob die Wände nun alle richtig und rechtzeitig fahren.« Diese beweglichen Wände waren eine tolle Idee von Schavernoch, aber wehe, wenn eine von denen nicht rechtzeitig gefahren wäre, dann wäre das Stück nämlich zu Ende gewesen; der Vorhang hätte fallen müssen. Sie sind zwar alle gefahren, aber wahrscheinlich – und am Schluß war Kupfer nahe daran, mir Recht zu geben – wären von den achtunddreißig Fahrten zwölf weniger noch besser gewesen.
Ich denke mir immer, daß in dieser Hinsicht etwas weniger Kraft noch etwas mehr gewesen wäre. Nur ist es verdammt schwer, jemanden, der wie ein Hochleistungssportler ein Tempo von einhundertachtzig Stundenkilometern hinlegt, ein wenig zu bremsen. Einem Temperamentsbolzen wie Kupfer ist es eben schwer, eine Portion Phlegma anzugewöhnen. Aber das Übersprudeln und etwas zu viel Einsatz sind natürlich entschieden besser als etwas zu wenig …
Ich mag nicht, wenn man in künstlerischen Fragen überinsistiert; davor habe ich eine Scheu, obwohl ich auch so ein Puscher und Stampfer bin, deshalb verstehe ich mich wahrscheinlich mit Harry Kupfer so gut. Aber man muß nicht alles bis ins letzte ausreizen, womit ich auch diesen überdeutlichen Zeigefinger meine, den Kupfer manchmal erhebt, wozu die ganze DDR-Tradition, von Felsenstein kommend, neigt.
Kupfer wird mit mir an der Hamburgischen Staatsoper Massenets *Werther* in französischer Sprache einstudieren – das ist für einen ›Felsensteiner‹ ein Sakrileg! Nachdem ich ihm erklärt hatte, warum der *Werther* für mich nicht zu übersetzen ist, sagte er zu mir: »Für mich besteht dann natürlich die Gefahr, daß ich noch überdeutlicher werde, als ich es ohnehin

schon bin.« Ich finde es sehr charakteristisch für ihn, daß er aus Angst, die Zuschauer verstünden die Story nicht – dahinter stehen sein und auch mein permanenter Kampf um Verständlichkeit –, den Zeigefinger noch deutlicher setzen will.

Lummer: Gibt es Ihrer Meinung nach Grenzen, die der Opernregie gesetzt sind, und wenn ja, wann werden diese überschritten?

Albrecht: Die Grenzen, die der Opernregie gesetzt sind, liegen nur im Geschmack der betreffenden Person und in deren Intelligenz. Ein Regisseur kann so gut wie alles machen, wenn er es vor sich selbst und vor seinem Spiegelbild morgens vertreten kann. Das Entscheidende aber ist nicht eine klug formulierte Interpretation, sondern ob die szenische Konzeption, vermittelt durch den Darsteller am Abend auf der Bühne, überzeugt.

Wenn jemand phantasievoll und aus echter Verantwortung gegenüber der Musik ein Werk interpretiert, dann sehe ich keinen Grund zu sagen, das ginge nicht. Regieanweisungen sind doch auch eine Zeiterscheinung, ebenso wie Interpretationsformen an eine bestimmte Zeit gebunden sind. Stünde Gustav Mahler heute auf und könnte hören, wie Lenny Bernstein eine Symphonie von ihm in Verzückung erstickt und erdrosselt, würde er sich wahrscheinlich fragen: »Wer hat denn diese Musik komponiert?« Das ist etwas ganz anderes, und jede Zeit muß dazu stehen. Tempoangaben in der Musik und Regieanweisungen für die Bühne sind temporäre Entscheidungen des Komponisten in seiner Zeit gewesen, und sie sind meines Erachtens überhaupt nicht verbindlich.

Verbindlich ist: in die Musik hineinzuhören und zu schauen, was sie erträgt. Wenn dabei antimusikalische Sachen herauskommen, weil sie einfach chic sind oder avantgardistisch –

und was ist heute nicht chic und nicht avantgardistisch –, dann muß man sagen: »Nein, bitte nicht!« Nur ist Harry Kupfer ein Mensch, der so professionell und so gebunden an die Musik zu Werke geht, daß bei ihm in dieser Hinsicht keinerlei Gefahr besteht.

Gerd Albrecht, geboren 1935 in Essen, studierte an der Hamburger Musikhochschule Klavier und Dirigieren, er belegte gleichzeitig an der Universität Kunstgeschichte, Musikwissenschaft und Philosophie. Nach der Hospitanz bei Herbert von Karajan und den Tätigkeiten als Korrepetitor, Chordirektor und Kapellmeister in Stuttgart ging er 1961 als Erster Kapellmeister nach Mainz und zwei Jahre später als jüngster Generalmusikdirektor der Bundesrepublik nach Lübeck. Es folgten Engagements als Generalmusikdirektor in Kassel (1966 bis 1972), als Erster Dirigent an der Deutschen Oper Berlin (1972 bis 1977) und als Chefdirigent des Tonhalle-Orchesters in Zürich (1975 bis 1980). Seit 1988 leitet er als Generalmusikdirektor die Staatsoper Hamburg.

Gespräch mit Aribert Reimann
Man darf keine Kompromisse machen

Rupert Lummer: Die moderne Musik steht beim Opernpublikum nicht sehr hoch im Kurs – nur wenige Opernwerke der Moderne fanden Beachtung über die Uraufführung hinaus. Ihre Kompositionen wurden nicht nur uraufgeführt, sondern sie werden von vielen Opernhäusern nachgespielt, und das Publikum zeigt ein atypisches Interesse. Haben Sie dafür eine Erklärung?
Aribert Reimann: Diese Frage kann ich natürlich nur sehr schwer beantworten, weil mir der Abstand zu meiner Musik fehlt. In den Aufführungen meiner ersten Opern ist mir aber aufgefallen, daß es zwei verschiedene Gruppen von Zuschauern gab: Die eine, die sich speziell in der Neuen Musik auskannte, hatte überhaupt keine Probleme; die andere Gruppe, das herkömmliche Opernpublikum, hatte zumindest im ersten Teil der Aufführungen große Verständnisschwierigkeiten, und erst im zweiten Teil wurde es besser. Beim *Lear* war es aber von vornherein leichter für das Publikum – ob das am Stück oder am Thema lag, kann ich nicht beantworten. Natürlich hatte ich mit dieser Uraufführung sehr viel Glück: eine optimale Besetzung mit Dietrich Fischer-Dieskau in der Titelrolle, Gerd Albrecht hat hervorragend dirigiert, und die Inszenierung von Jean-Pierre Ponnelle kam dem Publikum sehr entgegen. Ich habe oft überlegt, wie es gewesen wäre, wenn Harry Kupfer das Stück uraufgeführt hätte, ob dann das Pu-

blikum ebenso mitgegangen wäre oder vielleicht geschockt gewesen wäre? Als ich den *Lear* schrieb, habe ich ja mit allem gerechnet, und mich hat die positive Reaktion überrascht. Ich neige zu der Überzeugung, daß Ponnelles Inszenierung sehr stark dazu beigetragen hat, das Opernpublikum für das Werk zu gewinnen. Dem Zuschauer war dadurch der Weg geebnet, so daß er sich sagen konnte: »Es ist ja gar nicht so schlimm, das kann man sich anschauen!« Dagegen spricht allerdings, daß sowohl die folgende Inszenierung von Gert Westphal in Düsseldorf, die sehr viel karger, fast holzschnittartig war, als auch alle weiteren Inszenierungen von den Opernbesuchern positiv aufgenommen wurden. Besonders die Aufführungen in der DDR fanden großen Zuspruch beim Publikum, obwohl die Uraufführungsinszenierung dort nahezu niemand kannte. Nun ist das Publikum der Komischen Oper von Kupfer einiges gewohnt – die Münchner dagegen sind gar nichts gewohnt. Das soll jetzt keine Bewertung sein: Zur Inszenierung von Ponnelle gibt es viel Positives zu sagen, man kann aber auch einiges dagegen einwenden. Vielleicht lag es doch zum Teil auch an der Musik – an Shakespeare sowieso –, daß der *Lear* vom Publikum angenommen wurde und Regisseure ihn immer wieder inszeniert haben.

Lummer: Die zeitgenössische Opernproduktion ist in Relation zu anderen Kunstformen verschwindend gering. Aus welchem Bedürfnis heraus schreiben Sie heute noch Opern? Was reizt Sie, sich über die Belange des musikalischen Materials hinaus mit der formalen Konvention Oper zu beschäftigen?

Reimann: Das ist eine Frage, über die ich nicht immer sehr viel nachgedacht habe, da für mich das Schreiben für die Bühne etwas vollkommen Selbstverständliches ist. Zwar habe ich noch nicht so viele Opern geschrieben – immerhin fünf –, aber während der Zeit des Komponierens kenne ich dieses

Problem nicht. Ich habe viel für Stimme geschrieben, und damit habe ich früh begonnen. Die Arbeit mit Sängern hatte für mich immer zentrale Bedeutung, was wahrscheinlich vom häufigen Begleiten am Klavier herrührt. Der singende Mensch auf der Bühne ist für mich etwas eminent Wichtiges und etwas, das mich immer wieder neu herausfordert. Im Grunde beschäftigt mich die Frage, wie man das Phänomen ›Musiktheater‹ neu angehen kann, denn Wiederholungen sollte man zu vermeiden suchen. Bereits *Troades* ist keine Oper mehr in dem üblichen, bekannten Sinne, und mit meiner jetzigen Komposition suche ich wieder einen anderen Weg, in die Oper hineinzufinden. In gleicher Weise ergibt sich auch der Stoff, das heißt, er kommt auf einen in dem Moment zu, in dem man dafür geneigt ist. Man kann nur das machen, was einem die Möglichkeit gibt, sich neu mit einem Gegenstand auseinanderzusetzen. Es sind doch in diesem Jahrhundert unendlich viele Opern geschrieben worden, nur sind die meisten davon ›auf der Strecke geblieben‹ – zu Unrecht, wie man in letzter Zeit nach Wiederaufführungen sehen konnte.
Lummer: Die Neubewertung von Opernwerken der jüngeren Vergangenheit bezieht sich zum wesentlichen Teil auf die Qualität der Musiksprache. Nicht entkräftet aber wird dadurch der Vorwurf mangelnder Aktualität der Gattung Oper, der weniger die Musik als das Drama betrifft. Auf der Suche nach dem Realitätsgehalt eines Stoffes bewegt sich das Opernlibretto unseres Jahrhunderts zwischen den Extremen einer ›unzeitgemäßen Betrachtung‹ und dem Aufgreifen aktueller Zeitströmungen. Worin liegt für Sie der Realitätsgehalt eines Stoffes begründet?
Reimann: Ist es ein Stoff, der mit unserer Zeit nichts zu tun hat, dann habe ich große Probleme damit. Der *Lear* hat für mein Empfinden sehr viel mit unserer Zeit zu tun, *Troades*

ebenso, selbst *Melusine* – wenn auch in der Verkleidung eines komödiantischen Märchens –, auch im *Traumspiel* und in der *Gespenstersonate* kommen immer wieder Stationen vor, die unserer Zeit nicht sehr fern liegen. Aber ein völlig abstrakter oder von uns abstrahierter Stoff würde mich nicht interessieren – ich wüßte nicht, warum ich mich damit beschäftigen sollte. Wenn ich eine Oper schreibe, dann weil es um Dinge geht, die uns alle betreffen und die auszudrücken, die absolute Musik nicht mehr ausreicht. Da ich kein Filmregisseur und auch kein Schriftsteller bin, versuche ich, die Bühne zu nehmen, um das, was mit uns oder in uns vorgeht, auf die Bühne zu stellen. Das ist für mich der Ausgangspunkt meiner Beschäftigung mit dem Musiktheater.

Lummer: Mit Ihrer Formulierung bestätigen Sie, daß die Komposition einer Oper nur ein Teil des Ganzen ist, der notwendige und wichtige andere Teil ist die Vergegenwärtigung auf der Bühne. In welcher Weise beschäftigen Sie sich mit dieser Frage bereits während der Komposition, und in welcher Form wirkt sich der Gedanke an die Bühnenrealisierung auf die Konzeption einer Oper aus?

Reimann: Ich weiß gern vor Beginn meiner Arbeit, wer welche Partie singt, um einen Eindruck zu gewinnen, wie sich die Stimme mit dem Typus der Rolle deckt. Ich habe also die Stimme und die Interpretation des Sängers schon beim Komponieren im Ohr. Dabei mache ich in keiner Weise Konzessionen im Schwierigkeitsgrad, denn gerade wenn man eine Stimme vorher kennt, kann man sie bis an die äußersten Grenzen ihrer Möglichkeiten führen. Beim *Lear* zum Beispiel dachten alle, nach Fischer-Dieskau könnte diese Partie kein anderer mehr singen. Das war nicht der Fall. Die verschiedenen Darsteller des Lears haben mir bestätigt, daß sie zuerst gedacht hätten, die Partie nie schaffen zu können; aber während des Studiums hätten sie plötzlich für sich Möglichkeiten entdeckt, von denen sie zuvor nichts geahnt hatten. So glaubte Franz Mazura, die Lage sei viel zu hoch für ihn, und er wollte vieles transponiert haben. Ich weigerte mich, das zu tun, denn wenn man dem Lear die Höhen nimmt, bleibt von der Substanz nichts mehr übrig. Nachdem er aber den Lear einstudiert und auf der Bühne gesungen hatte, sagte er mir: »Ich habe nie gewußt, daß ich eine so gute Höhe habe!« So etwas kann nur gelingen, wenn man nicht rein theoretisch, sondern für einen bestimmten Sänger geschrieben hat. Dadurch weiß man, der eine hat die Möglichkeit, und setzt voraus, daß er über diese Möglichkeiten noch hinausgehen kann; das aber fordert einen anderen Sänger heraus, sich damit auseinanderzusetzen.

An das Orchester darf man überhaupt keine Konzessionen machen, ebensowenig an den Chor. Auch wenn sich ein normaler Opernchor, wie bei *Troades* zum Beispiel, zunächst sehr schwer tut, stellt sich nach der Probenarbeit heraus, daß die Choristen den Part phantastisch singen können. Es ist wichtig, daß die Sänger und Spieler gefordert werden. Fordert man sie nicht, kommt pötzlich ein Punkt, an dem sich Routine und Langeweile breitmachen. Das bemerke ich auch an meinen Studenten: Fordere ich sie über das hinaus, was sie eigentlich im Moment erfüllen können, machen sie wieder einen Sprung nach vorn. Die Stagnation an den Opernhäusern rührt doch daher, daß immer wieder dieselben Repertoirestücke aufgeführt werden, woraus sich die weitverbreitete Haltung ergibt: »Mein Gott, warum soll ich mich eigentlich anstrengen?« Hat man ein Ensemble erst einmal vor die Aufgabe gestellt, ein neues Werk zu erarbeiten, hat es Freude daran, und im nachhinein sind alle dankbar, daß sie sich anstrengen mußten. Deshalb braucht man beim Komponieren auf nichts Rücksicht zu nehmen – schon gar nicht auf das Publikum.

Lummer: Haben Sie während der Komposition eines Bühnenwerkes auch bereits Bilder szenischer Vorgänge oder Handlungen im Kopf?

Reimann: Ja, sehr stark, eigentlich die ganze Zeit über. Gelegentlich sehe ich mich beim Schreiben in der Landschaft, in der das Stück spielt, meistens aber sehe ich mich auf der Bühne oder als Beobachter im Zuschauerraum. Irgendwo bin ich drin, entweder in der Figur oder auf der Bühne oder im Zuschauerraum. Dabei habe ich oft sehr präzise Vorstellungen vom Bühnenablauf, und ich bin später sehr erstaunt, wenn auf der Bühne vieles anders aussieht. Gelegentlich kommt es aber auch vor, daß sich Teile einer Inszenierung mit dem decken, was ich mir vorgestellt habe. Aber im Prozeß des Komponierens bewege ich mich auch von dem Bühnengeschehen weg, gerade bei den Orchesterteilen und in den Zwischenspielen. Es passiert unentwegt, daß ich von der Handlung abschweife, wieder darauf zurückkomme und mich wieder davon entferne – anderenfalls würde ich ja nur eine Bühnenmusik schreiben. Es stellen sich die unterschiedlichsten Assoziationen ein, von denen ich vorher nichts gewußt habe, und sie verdichten sich zu Bildern, die ich sehr schwer beschreiben kann.

Als ich Kupfers *Lear*-Inszenierung an der Komischen Oper sah, war es ein Schock für mich, plötzlich Bilder auf der Bühne zu sehen, die ich mir vorgestellt hatte, ohne mit ihm darüber gesprochen zu haben. Das hat mich bis in meine Träume verfolgt, und ich habe einige Wochen gebraucht, das zu verarbeiten. Wir hatten uns kein einziges Mal über unser beider Auffassungen verständigt: Er wollte weder etwas von mir erfahren, noch wollte er mir seine Konzeption erzählen.

Lear, Berlin 1983
Werner Haseleu (Lear)

Kupfer hat es mir regelrecht verboten, auf die Proben zu kommen, er wollte mich nicht dabeihaben. Nun war es damals, wenn ich mich recht erinnere, bereits die siebte Inszenierung, und wahrscheinlich befürchtete er, ich würde ihm andauernd dazwischenreden. Er wollte mich erst mit dem fertigen Ergebnis überraschen – und das habe ich akzeptiert.
Ich wußte also gar nichts, als ich zum ersten Mal in eine der Schlußproben ging. Hinterher sagte ich zu ihm: Wie können Sie das inszenieren, was ich mir beim Schreiben vorgestellt habe, was aber mit dem Shakespeare-Drama nichts zu tun hat? (Kupfers Interpretation entfernte sich weit von der Shakespeare-Vorlage und ging einen vollkommen anderen Weg.) Kupfers Antwort war: »Wieso, ich habe nichts anderes getan, als auf die Musik zu hören, und die habe ich umgesetzt.« Es war das größte Kompliment, das er mir machen konnte. Es ist ein Phänomen, wie genau Kupfer lesen und Dinge aus der Musik heraushören kann, die weit von der Fabel weggehen. Er versteht wirklich, daß Text oder Handlung nur Auslöser für die musikalische Komposition sind. Der *Lear*, den ich geschrieben habe, hebt sich von Shakespeares *König Lear* ab, das Stück spielt nicht damals, sondern heute, schon allein durch die Sprache der Musik. Kupfer hat das Werk genau so inszeniert. Wenn jemand in solcher Weise auf Musik reagieren kann, wenn er inszeniert, was sich der Komponist vorgestellt hat, ohne mit ihm darüber gesprochen zu haben, dann ist das für mich der Beweis, daß es eben geniale Regisseure wie Kupfer ab und zu einmal gibt.
Lummer: Sie fanden also die Konkretion, die Kupfer mit dieser Inszenierung bot, dem Werk gemäß?
Reimann: Er hat so die Musik inszeniert wie kaum ein anderer vor ihm ... Ponnelle, der ein sehr visueller Regisseur gewesen ist, gelang dasselbe in einer völlig verschiedenen Weise.

Kupfer sind ganz andere Dinge wichtig: diese schonungslosen Aufdeckungen, das direkte Eingehen auf musikalische Zustände, sein Weiterdenken und nicht zuletzt die Personenführung. Er ist ein Regisseur, der alles sagt, der alles aufdeckt; er legt einfach die Karten auf den Tisch. Das kann manchmal auch problematisch werden, und mit einigen wenigen seiner Inszenierungen habe ich meine Schwierigkeiten. In seiner *Così fan tutte*-Produktion war mir beispielsweise einiges fremd, vielleicht muß ich sie noch einmal sehen, aber für mein Empfinden spielte sich wahnsinnig viel Dekoratives auf der Bühne ab, was mich von der Musik abgelenkt hat. Ich sehe alles einfacher, und es war mir eine Spur zu chic, was ich in der Musik nicht sehe. Im Gegensatz dazu war es bei Verdis *Rigoletto* folgerichtig, wie das Stück sich bis in diesen italienisch-katholischen Kitsch hinein entwickelte. Das hat er vollkommen richtig gesehen, obgleich sich gerade dadurch einige Leute gestört und irritiert fühlten. Aber ich finde jede Irritation wichtig und positiv, auch dann, wenn es einigen Theaterbesuchern zuviel wird und sie schreiend den Zuschauerraum verlassen. Darauf darf man keine Rücksicht nehmen, und ich finde es großartig, mit welcher Konsequenz Kupfer eine Sache angeht und durchführt.
Das trifft in besonderem Maße auf die Inszenierung des *Lear* zu, nur in einem einzigen Detail stimmten wir nicht überein: Wenn während des Monologs von Edmund das Großfoto von dem Gesicht einer Frau erscheint, kommt ein dekoratives Element in die Inszenierung hinein, das mir bei Kupfer fremd ist und mit dem ich Schwierigkeiten habe. Ich finde, daß dieses Foto nicht der Härte und Brutalität der Musik entspricht und die Szene aufweicht; ich starre auf das Foto und weiß eigentlich nicht, was es dort soll. Darauf angesprochen, entgegnete mir Kupfer, daß ich das gar nicht verstehen könne, »denn ihr

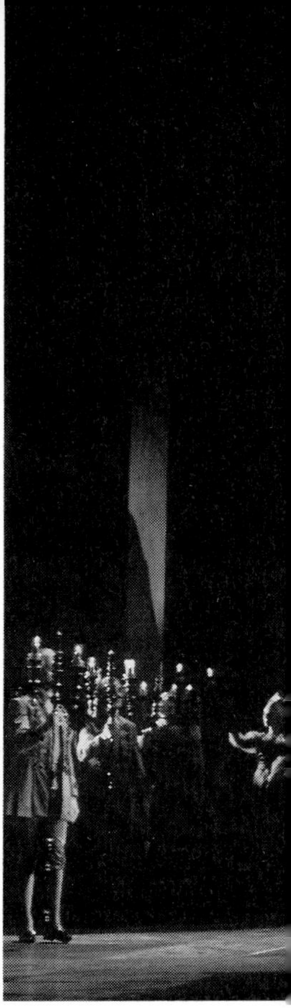

Rigoletto, Berlin 1983
Günter Neumann (Herzog)

im Westen seid eben weiter als wir hier in der DDR, und manche Dinge, wie dieses Foto, wirken bei euch anders als bei uns«. Natürlich weiß ich, was er damit zeigen wollte: die Versinnbildlichung der Liebesbeziehung, aus der dieser Bastard-Sohn entstammt. Zwar ist dieses Foto sehr schön und bekannt, es ging in den 60er Jahren durch alle Illustrierten, aber damit kommt ein Moment der Schönheit in diese Szene, das

lang schon vergangen ist. Nachdem Edmund das üble Spiel mit Edgar betrieben hat, steht er vor uns als ein Machtbesessener, der am liebsten alle anderen tot sähe. Ich finde es eindrucksvoll, wenn der Prospekt an der Rückfront der Bühne heruntergelassen wird, nur das Foto an sich …
Es gibt Trennungen, wo ein Regisseur an einer Stelle einen anderen Weg gehen muß, und zwar auch von der Musik weg.

Dort entsteht ein Kontrapunkt zur Musik, ein konträrer Gedanke, der für einen Moment nicht mit der Musik zusammengeht. Aber wahrscheinlich sehe ich das zu sehr mit den Augen des Komponisten.

Lummer: Nur der Musik zu folgen und diese zu inszenieren, hieße doch, ein Medium durch das andere zu doppeln. Ist es nicht legitim, ja geradezu eine Forderung an die Regiekunst, die Musik – wie Sie selbst formulierten – auch zu kontrapunktieren?

Reimann: Ja sicher, das macht Kupfer auch an vielen anderen Stellen, zum Beispiel wenn er für das Baßflötenzwischenspiel eine Rahmenhandlung erfindet. Da wird eine richtige Geschichte erzählt, auf die ich nie gekommen wäre und die ich wunderbar finde. Aber an dieser Stelle geht es für mich zusammen, es ist eine Versinnbildlichung, die sehr viel mit der Musik zu tun hat. Meine Kritik bezog sich ausschließlich auf das Dekorative – bei Ponnelle hat es mich gar nicht gestört, da paßte es zum Stil der Inszenierung. Nur in dieser Arbeit von Kupfer empfinde ich es als Bruch. Aber solche Brüche kommen bei ihm ja öfter vor, Unvorhergesehenes verblüfft die Zuschauer, wie zum Beispiel das dritte Bild von *La Bohème*: dieses schwer lastende Bild, von dem man auf den ersten Blick glaubt, es hätte mit der *Bohème* gar nichts zu tun. Hier denkt er aber bereits mehrere Schritte voraus, während er in jener Szene des *Lear* einige Schritte zurück denkt ...

Lummer: Ihre Äußerungen führen uns ins Zentrum der Frage nach der Verbindlichkeit der Auffassung des Autors für den Interpreten. Als zeitgenössischer Opernkomponist, der selbst weder dirigiert noch inszeniert, werden Sie unweigerlich mit diesem Problem konfrontiert. Wie beurteilen Sie die Möglichkeiten der Interpretation, und wo setzen Sie ihr Grenzen?

Reimann: Nach meiner Anschauung sind die Möglichkeiten der Interpretation unbegrenzt, solang sie logisch sind und noch im Zusammenhang mit dem Werk, zwar nicht unmittelbar mit der Handlung, aber mit der Musik, stehen. Wenn das Geschehen auf der Bühne sich nicht nur von der Handlung, sondern auch von der Musik vollkommen entfernt, wenn also zu der Inszenierung einer Oper auch eine andere Musik gespielt werden könnte, so ist das nicht mehr legitim, sondern ärgerlich. Wird die Musik austauschbar, ist eine Inszenierung nicht notwendig, und ich sehe keinen Sinn darin. Es gibt Regisseure, die aufregende Inszenierungen hervorbringen, hielte man sich aber die Ohren zu, hätte man keine Ahnung, um welche Oper es sich handeln könnte. Man sieht einen Manierismus, der sich verselbständigt hat: Es geht nicht mehr um das Stück, schon gar nicht mehr um die Musik, sondern nur noch um das Konzept, das sie (von Konsequenz kann man kaum noch sprechen) zu Ende führen. Solche Ästhetizismen finde ich unerträglich.
Harry Kupfer geht, besonders mit seiner *Lear*-Interpretation, in absolute Extreme, aber sie haben immer mit der Musik zu tun: Diese hat ihn zur spezifischen Form der Darstellung geführt, und man könnte unmöglich eine andere Musik dazu spielen. Seine Inszenierung des *Lear* geht vollkommen auf, genauso wie die der *Bohème*: Man hört die Musik im dritten Bild plötzlich neu, man begreift die Tragik dieser Musik und die Einsamkeit dieser Menschen. Im Unterschied zur Oberflächlichkeit der üblichen Inszenierungen dieser Oper ist Kupfer genau der Partitur gefolgt, denn Puccinis Musik bewegt sich manchmal auf einer ganz anderen Ebene als der des Bühnengeschehens. Kupfer bleibt immer am menschlichen Kern – diese Konzentration finde ich immer wieder aufregend und ergreifend. Als ich diese Inszenierung zum ersten Mal sah,

wußte ich nicht, was mit mir passierte: Kupfer schafft es, daß man bei einem Stück wie *La Bohème*, das man nun ein halbes Leben lang kennt, fast in Tränen ausbricht. Es hatten sich keine falschen Bilder hineingeschlichen, nichts wirkte aufgesetzt oder sentimental. Wenn man einmal von Kupfer gewisse Dinge gesehen hat, dann ist man verdorben für viele andere.

Aribert Reimann, geboren 1936 in Berlin, studierte an der Berliner Musikhochschule Komposition bei Boris Blacher und Ernst Pepping sowie Klavier bei Otto Rausch. Neben Vokal- und Kammermusik komponierte er ab den 60er Jahren mehrere Opern (*Ein Traumspiel, Melusine, Lear, Gespenstersonate* und *Troades*). Seit 1957 ist er nebenher als Liedpianist tätig, und im Anschluß an seine Hamburger Lehrtätigkeit ist er seit 1983 Professor für Liedinterpretation an der Hochschule der Künste, Berlin.

Werner Haseleu
Perfekte Lösungen will Kupfer nicht geben

Meine erste Begegnung mit Harry Kupfer reicht in das Jahr 1966 zurück: Er kam als Operndirektor an das Deutsche Nationaltheater Weimar, an dem ich zu jener Zeit engagiert war, und die erste Partie, die ich mit ihm erarbeitete, war der Jacobowsky in Klebes Oper *Jacobowsky und der Oberst*. Erstaunlich ist, daß Kupfer schon als junger Mann die Fähigkeit hatte, mit den Darstellern Figuren psychologisch zu erarbeiten, und er schon dieses Gespür für die psychologische Tiefe von Menschen besaß. Von Anfang an hatte er eine sehr differenzierte Sicht der Figuren, nie hat er schwarz-weiß gezeichnet, selbst bei den klassischen Opernbösewichten hat er dem Darsteller auch positive Aspekte nahegebracht. Das hat uns, und speziell mich, damals ganz besonders fasziniert. Dazu kommt seine enorme menschliche Integrität; es gibt von seiner Seite her keine Übelnehmerei. Er versteht es, einem das Gefühl zu geben, daß man Partner ist und nicht Befehlsempfänger. Man hat nicht nur auszuführen, was er sich im stillen Kämmerlein überlegt hat, nein, man hat wirklich das Gefühl, mit beteiligt zu sein an der Arbeit. Das ist so außergewöhnlich und ergibt insgesamt eine schöpferische Atmosphäre, bei der jeder bereit ist, wirklich das letzte zu geben. Und er verlangt natürlich auch von den Sängern, daß sie das letzte geben, das muß man dazusagen.
Wenn Kupfer eine Inszenierung beginnt, hat er eine genaue

Vorstellung von den Figuren, was aber nicht bedeutet, daß er auf seine eigene Vorstellung fixiert ist. Man kann mit ihm darüber reden, und er ist bereit, bis zu einer gewissen Grenze auf Einwände der Sänger einzugehen. Er verlangt nicht Unmögliches ... das heißt, manchmal doch – so präzise kann ich es gar nicht formulieren. Jedenfalls sagt er oft, wenn man auf der zweiten oder dritten Probe eine Szene wiederholt, die vorher bereits angelegt worden ist: »Du hattest da neulich eine Geste, die war ganz toll ...« Diese Geste führt er dann vor, und ich bin nicht immer hundertprozentig sicher, daß man diese Geste bei der vorausgegangenen Probe schon hatte. Auf diese Art gibt er mit der Zeit dem Sänger das Gefühl, er erarbeite die Rolle eigentlich selbst. Ob das ein psychologischer Trick ist, weiß ich nicht, aber zumindest macht es Spaß, so zu arbeiten.

Aus den vielen Jahren unserer gemeinsamen Arbeit resultiert die Erfahrung, daß es bei Kupfer keinen durchgehenden, festgelegten Darstellungsstil für alle Werke gibt, so daß man von speziellen Kupfer-Gesten sprechen könnte. Natürlich erkennt man seine Arbeiten an der individuellen Handschrift, aber er hat immer versucht, die Inszenierung – auch vom Darstellungsstil des einzelnen her – aus dem jeweiligen Werk zu entwickeln. Einen Händel hat er anders in Szene gesetzt, mit anderen Gesten und Haltungen, als ein zeitgenössisches Stück. In der Dresdner Produktion *Herzog Blaubarts Burg* von Béla Bartók hatten wir ein Bühnenbild mit großen Faltenwürfen auf dem Boden, und das prägte unseren Gang. Aber eben dies wollte er für unsere Darstellung haben.

Ich vermag nicht immer Kupfers spezifische Sichtweise der Stücke auf den ersten Blick nachzuvollziehen. Manches Mal stellt sich ein Verständnis dafür erst nach und nach ein. In der Arbeit an Dargomyžskijs Oper *Der steinerne Gast* war ich

lange Zeit unsicher gewesen, was diese fremde artifizielle Art eigentlich bedeuten sollte. Bis ich Kupfer darauf ansprach und er mir erklärte: »Dieses Werk ist für mich so vielschichtig, es zeigt sich darin eine starke Distanz zum Text und zum Ablauf der Handlung, darin steckt so viel Ironie, daß der Darsteller allein diese Ebenen nicht ausdrücken kann. Deshalb brauche ich zum Darsteller als Person den Darsteller als Puppenführer, der auf diese Weise das Geschehen zusätzlich kommentieren kann.« Gut, damit habe ich den Zugang zu diesem Werk gefunden.
Die Ur- und Erstaufführungen zeitgenössischer Werke nehmen in meiner Arbeit mit Harry Kupfer einen breiten Raum ein: Angefangen haben wir mit dem bereits erwähnten *Jacobowsky* in Weimar, in der Dresdener Zeit folgten Schönbergs *Moses und Aron*, Zimmermanns *Der Schuhu und die fliegende Prinzessin* und Kunads *Vincent*, in Berlin waren es Reimanns *Lear* und die *Judith* von Siegfried Matthus – um nur einige davon zu nennen. Eine wichtige Erfahrung in der Beschäftigung mit der modernen Musiksprache scheint mir zu sein, daß man das Singen auf der Bühne als bewußten Vorgang besser verstehen lernt. Kupfer ist nicht dagegen, daß schön gesungen wird – wie ich betonen muß, weil das oft nicht anerkannt wird –, nur eine ausgesprochene Belcantolinie, die muß es für ihn nicht unbedingt sein. Vielmehr legt er Wert darauf, daß nicht nur Noten gesungen werden, sondern Ausdruck und – so weit es geht – Textverständlichkeit vorhanden sind. Er bevorzugt Darsteller, die in der Lage sind, mit ihrer Stimme Farben und Stimmungen wiederzugeben. Dafür ist

Folgende Doppelseite:
Herzog Blaubarts Burg, Dresden 1974
Mitte: Werner Haseleu (Herzog Blaubart)

die Moderne meiner Meinung nach die beste Schule, weil die Opern unseres Jahrhunderts nicht mehr auf eine reine Gesangslinie hin geschrieben sind, vielmehr wird bereits in ihrer Komposition, also durch musikalische Mittel, der Ausdrucksgehalt der Stimme festgelegt.
Gleichzeitig werden damit Anforderungen an die Sprache des Körpers gestellt, die über das herkömmliche Rampensingen weit hinausreichen. Und in welcher Inszenierung von Kupfer kann sich ein Sänger einfach nur hinstellen und eine Arie in irgendeiner festen Position singen – das ist doch kaum möglich. Er bevorzugt ja das Knien, weil er meint, daß ein sich gegenseitiges Ansingen in der Oper eine unnatürliche Form der Konversation sei, der Darsteller dabei also auch außergewöhnliche Positionen einnehmen könne – da gibt man sich dann geschlagen. Ob diese Schlußfolgerung immer von Vorteil ist, wage ich zu bezweifeln; vor allem, weil es bei extremen Gesangsstellen auf Kosten des Singens gehen kann. Gleichzeitig aber muß ich betonen, daß bestimmte Haltungen, die für den Zuschauer sehr ausdrucksstark sind, die große Spannung haben und eine Körperbeziehung zum Partner herstellen, dem Sänger entgegenkommen und extrem liegende Töne erleichtern können, eben dann, wenn man den gesamten Körper in die Stütze und in die Atmung miteinbeziehen kann.
Bemerkenswert an der Arbeitsweise von Kupfer ist seine kritische Sicht des Textes, der mehr als nur den bloßen Handlungsablauf für ihn bedeutet. Besonders in den letzten, reiferen Jahren versucht er die Worte mittels der Darstellung zu kontrapunktieren, das heißt durch die Darstellung den Sinngehalt des Textes oder aber die Negation des Textes auszudrücken. Das war sehr eindringlich in einigen *Lear*-Szenen gestaltet. Erst in der Probenzeit mit Kupfer wurde mir bewußt, daß der alte König jammert und klagt, weil er dadurch

Judith, Berlin 1985
Eva-Maria Bundschuh (Judith)

Mitleid erheischen will, seine Trauer und Verzweiflung also gespielt sind. Ich zeigte das mit bestimmten Gesten und Brüchen, die Kupfer sehr präzise arbeitete und die vom Sänger auch sehr präzise kommen müssen, nicht an irgendeiner Stelle, sondern genau an dem festgelegten Punkt des musikalischen Verlaufs. Diese Intention wurde auch wirklich verstanden, ein Kritiker schrieb nach der Züricher *Lear*-Premiere: »Ich glaube dem Lear in dieser Szene kein Wort.« – Der gute Mann hat also genau das Richtige gesehen.
Verändert haben sich im Laufe der Jahre die Konzeptionsge-

spräche, das heißt die einführenden Erläuterungen, die der Regisseur den Darstellern gibt. Anfangs hat Kupfer versucht, schon vor der Probenarbeit mit uns über die Figuren, die wir zu interpretieren hatten, zu diskutieren; das hat aber nie viel erbracht. Die Diskussion über eine Figur auf der Probe zu führen, ist meines Erachtens der bessere Weg, weil man hier konkret am Objekt, an der einzelnen Szene, am Ausdruck eines Wortes oder einer Phrase arbeiten kann. Das Einführungsgespräch für das Ensemble sieht heute so aus, daß Kupfer zusammen mit seinem Dramaturgen allgemein und in knapper Form über das Werk und das Interesse, das er mit der Inszenierung verfolgt, informiert. Danach beginnen die Proben, von allen mit Spannung erwartet – auch von Kupfer! Nach seiner eigenen Aussage ist es eine Art Lampenfieber, das sich bei ihm vor der ersten Probe einstellt. Vieles mag man sich theoretisch sehr gut vorstellen können, aber in der Arbeit mit dem Darsteller entwickelt sich dann doch etwas Eigenes – wir sind nun einmal keine Puppen wie im *Steinernen Gast*. Wie weit die Veränderung oder Verwandlung auch gehen mag, in der dargestellten Figur ist immer ein Teil des Darstellers selbst, des Künstlers Haseleu.

Nachdem man das Werk studiert hat, weiß man wohl in etwa, was auf einen zukommen wird – bei Kupfer allerdings kann man darin nie ganz sicher sein. Nur eines wird nicht passieren, das zeigen alle seine Inszenierungen, er wird nie ein Stück inszenieren, um es zu diskreditieren! Sicher hat er seine eigene Sicht und liest Dinge heraus, die ein anderer noch nicht gesehen hat und vielleicht auch nie sehen wird, aber das ist durchaus legitim. Ihn interessiert ein Stück nur dann, wenn er Beziehungen sehen kann zur Gegenwart, zu unserer historischen Situation, besonders zu unserem humanistischen Gedankengut und zu unserer Einstellung zum Leben. Deswegen

sind viele seiner Schlüsse auch so offen angelegt, daß man nicht genau weiß, was danach passieren wird; perfekte Lösungen jedenfalls will Kupfer nicht geben.
Wenn wir auf die erste Probe kommen, wissen wir im Grunde noch gar nichts, wir haben nur den Text gelernt und sind, musikalisch – je nach Schwierigkeitsgrad – möglichst sicher. Erst einmal wird choreographisch angelegt: wo man auftritt, wohin man sich bewegt, wo man seinem Partner begegnet usw. Das Übliche eben, die reinen Fakten, die festgelegt sein müssen, – aber das ist nicht die eigentliche Arbeit Kupfers. Das Entscheidende geschieht, nachdem der ungefähre Ablauf einer Szene festgelegt ist, wenn Kupfer anfängt, anhand des Textes und der musikalischen Phrase Partnerbeziehungen aufzubauen. Dabei werden Haltung und Gestik entwickelt und im weiteren Verlauf eintrainiert. In dieser Phase versucht Kupfer manchmal auch, Emotionen beim Sänger zu provozieren, bis dieser den richtigen Ausdruck für eine bestimmte Szene gefunden hat. Dabei kann es schon vorkommen, daß er einen lange »triezt«. Hat man den speziellen Ausdruck einmal gefunden, muß man ihn nicht jedesmal neu mittels der Emotion produzieren, sondern man hat ihn quasi abrufbereit. Vielleicht war es ein Fehler, daß man früher oft versucht hat, die entsprechenden Emotionen im Moment der Darstellung auf der Bühne zu erzeugen, denn sie hindern einfach technisch beim Singen. Wenn ich mich in einer Szene bis zu Tränen steigere, dann kann ich nicht mehr singen. Ich muß aber wissen, wie dieser Zustand ist und wie ich mich dabei gestisch und stimmlich ausdrücke, – das muß ich parat haben.
Kupfer stellt hohe Anforderungen an den Sänger: Von der geistigen Durchdringung einer Partie einmal ganz zu schweigen, verlangt er rein physisch Leistungen, von denen man zuerst

glaubt, daß sie gar nicht zu schaffen seien. Das reicht bei ihm, besonders in den letzten Jahren, bis zum Artistischen ... Im *Schuhu* zum Beispiel kam ich auf einem Faß hereingerollt, ich mußte also balancieren und dabei singen. Das ist Artistik – aber es geht! Sperrt man sich allerdings von vornherein dagegen, gelingt es unter Umständen nicht. Aber Kupfer versteht es nun wiederum ausgezeichnet, einen Sänger für solche Dinge zu begeistern. Es gelingt ihm fast ausnahmslos, daß sich die Mitwirkenden im Probenprozeß mit seiner Auffassung identifizieren. Ich glaube, ein Großteil der eigenen Leistung wäre überhaupt nicht zu erzielen, wenn man nur halbherzig mitmachen oder sich seiner Interpretation verweigern würde. Man muß sich schon voll und ganz dahinterstellen, das habe ich eigentlich auch immer getan.
Nachdem wir in vierundzwanzig Jahren so viele Stücke und überwiegend große Partien miteinander erarbeitet haben, gelingt die Verständigung bei uns sehr schnell. Ein Wort oder ein Satz von Kupfer genügen, und ich weiß Bescheid, in welche Richtung er zielt. Wenn zwischen uns auch keine Mißverständnisse mehr aufkommen, so passiert es aber doch hin und wieder, daß ich in eine Schublade greife und zu mir sage: »Das habe ich doch früher einmal so gemacht, also mache ich das jetzt ebenso, dann wird es schon stimmen!« Das kann vorkommen, und niemand wird behaupten wollen, daß er nicht auch ein Stück weit bequem sei. Aber dafür hat Kupfer einen sehr guten Blick, er merkt es sofort und sagt zu mir: »Nein, nein, einmal nicht so wie damals ...«

(Diesem Text liegt ein Gespräch zugrunde, das Rupert Lummer mit Werner Haseleu führte.)

Werner Haseleu, geboren 1935 in Wittenberg, studierte von 1953 bis 1958 Gesang an der Hochschule für Musik in Leipzig. Er debütierte 1958 in Weimar, war von 1973 bis 1984 an der Staatsoper Dresden engagiert und ist seit 1984 Mitglied der Komischen Oper Berlin. Von 1961 bis 1973 nahm er einen Lehrauftrag an der Musikhochschule in Weimar wahr, und seit 1973 lehrt er Gesang an der Musikhochschule in Dresden. Neben dem klassischen Repertoire seines Stimmfaches als Baß-Bariton sang er die Titelpartien in vielen modernen Opern, u. a. in *Herzog Blaubarts Burg, Moses und Aron* und *Vincent*.

Nadine Secunde
Wir alle sind Gesamtkunstwerke

Ich bin 1985 bei der Inszenierung von Janáčeks *Káťa Kabanová* in Köln zum ersten Mal Harry Kupfer begegnet.
Völlig eingeschüchtert, als ein Niemand aus Wiesbaden, kam ich dort an und habe mit größter Angst Kupfer vorgesungen. Ich war doch nur eine Notlösung, denn die ursprünglich vorgesehene Sopranistin hatte abgesagt, und es war eine große Vertrauensgeste von Kupfer zu sagen: »Wir arbeiten die Partie zusammen!« Ich kann nicht behaupten, daß er es mir leicht gemacht hätte, aber indirekt war es ein großes Kompliment für mich, daß er glaubte, ich wäre zu der Leistung fähig, die er von einer Sängerin erwartet. Von Beginn an spürte ich nicht den kleinsten Zweifel von seiner Seite. Im Gegenteil, immer wenn ich etwas so gelöst hatte, wie er es wollte, kam eine neue Herausforderung auf mich zu. Für eine junge Sängerin ist es eine unglaublich wichtige Erfahrung, wenn sie mit einem Mal sieht, welche Möglichkeiten überhaupt in ihr stecken.
Die erste Probe begann damit, daß Kupfer die Situation der Katja kurz beschrieben hat: Sie sei mit einem Mann verheiratet, den sie nicht ausstehen könne, worunter sie jahrelang zu leiden hatte, und nun wäre die Krise kurz vor dem Ausbruch. Mit dem Einsatz der Musik hatte ich auf einem Stuhl zu sitzen und diese Situation, in der sich Katja zu Beginn des Stückes befindet, zum Ausdruck zu bringen, noch ehe ich einen Ton

gesungen hatte. Wir haben dann zwanzig Minuten daran gearbeitet, wie ich auf dem Stuhl sitzen könnte: Was machen die Hände, die Beine, der Kopf ... eben: Wie drückt sich ein Körper im Zustand äußerster Spannung aus? Diese zwanzig Minuten waren meine Introduktion in seine Art zu arbeiten, quasi ein Kurzunterricht in Sachen Menschendarstellung. Der gesamte Bewegungsablauf war genau festgelegt und gleichzeitig sehr offen, so daß ich mich in jeder Vorstellung körperlich frei ausdrücken konnte. Das Ergebnis ging weit über die Grenzen dessen hinaus, was ich vorher auf der Bühne gemacht hatte. Ich halte die Frage »Kann man agieren und gleichzeitig singen?« für sinnlos. Ich kann nur sagen, meinem Singen haben die Bewegung und die Haltung des Körpers tatsächlich geholfen, die Atmung war besser, und die Töne kamen freier. Das Überraschende war dabei für mich, daß selbst extreme Positionen das Singen erleichtern können, wenn sie sich zwingend aus der Musik ergeben.
Kupfer ist kein Regisseur der langatmigen und ausschweifenden Erklärungen. Er duldet keinen Zeitverlust, damit man nicht an Intensität verliert, und durch sein Tempo in der Probenarbeit zwingt er die Beteiligten zu größter Aufmerksamkeit. Die Proben verlieren ihren Rhythmus auch dann nicht, wenn er sie einmal unterbricht; er geht dann zum Sänger, sagt ihm zwei, drei sehr konkrete Sätze (»Ja,das war sehr gut, aber du hast vergessen ...« – so fängt er immer an), und schon ist er wieder an seinem Platz, und die Probe geht sofort weiter. Letztlich habe ich diese Atmosphäre lieben gelernt, weil sie von allen – auch von den erfahrenen Mitarbeitern – das Äußerste verlangt. Und das Ergebnis war von der ersten Sekunde der Ouvertüre an so fesselnd und in der Wirkung so erbarmungslos ... das ist, glaube ich, nur mit dieser Art von Arbeit zu erreichen.

Ich ziehe es vor, wenn ein Regisseur die Verantwortung für die Produktion übernimmt und mit den Sängern gezielt arbeitet. In dieser Beziehung bin ich eigentlich sehr altmodisch: Wenn ein Regisseur oder Dirigent fordert, daß er zu bestimmen habe, dann sage ich okay und folge ihm nahezu blind. Stellt sich aber im Verlauf der Arbeit heraus, daß er keine Ahnung hat und nicht weiß, was er will, dann gibt es Trouble! Meine bisherige Erfahrung lehrt mich, daß diejenigen, die von Anfang an klipp und klar gesagt haben: »So will ich das, und so wird es gemacht!«, die Sänger für ihre Konzeption auch gewinnen konnten und am Ende eine überzeugende Aufführung zustande brachten. Kupfer kommt perfekt vorbereitet auf jede Probe, er weiß nicht nur über jedes Detail der Handlung Bescheid, sondern er kennt den Orchester- oder Gesangspart oft besser als der Dirigent oder der Sänger. Das verpflichtet seine Mitarbeiter und verwöhnt sie zugleich.

Kupfer gehört zu den Regisseuren, denen die Musik fast etwas Körperliches sagt, denen die Musik – von der Bewegung her – eine Richtung weist. Die Musik, die aus dem Orchestergraben kommt, empfindet er nicht nur als Klang, sondern als Bewegungsimpuls. Ich habe die gleiche Empfindung für Musik, wahrscheinlich ist sie einfach eine Naturbegabung. Mit einem Regisseur zu arbeiten, der dieses körperliche Reaktionsempfinden für eine Musik besitzt, ist für mich das höchste der Gefühle. Andere können sehr viel auf intellektuellem Wege erreichen, und auf diese Weise können sehr gute Sängerleistungen zustande kommen und oft sehr überzeugende Inszenierungen gelingen. Aber wenn man darüber hinaus eine musikalische Phrase nicht nur intellektuell, sondern körperlich umzusetzen versteht, wird ein Bewegungsablauf vollkommen selbstverständlich, und die Regie erfolgt als Teil der Musik. In

Káťa Kabanová, Köln 1985
Günter Neumann (Boris), Nadine Secunde (Katja)

den Rollen, die ich mit Kupfer erarbeitet habe, gibt es keinen Widerspruch zwischen Gesang und Darstellung. Sowohl in den rein musikalischen Passagen als auch im Gesangspart kann ich mich ganz dem szenischen Geschehen hingeben, weil der Bewegungsablauf aus der Musik kommt. Besonders mit Dirigenten wie Gerd Albrecht bei *Káťa Kabanová* in Köln oder Daniel Barenboim beim Bayreuther *Ring*, die ein großes Interesse für die Szene haben und mit dem Regisseur eng zusammenarbeiten, gelingt dann eine optimale Übereinstimmung.

Nur schön zu singen, würde mich nicht befriedigen, und auch für den Zuhörer wird dies auf die Dauer langweilig. Selbst wenn ein Publikum nicht jede Geste und jede Bewegung verstehen kann, so übertragen sich auf die Zuschauer doch die Konzentration und die Spannung, die von der Bühne ausgehen. Aber das passiert nicht, indem mehrere Menschen auf der Bühne sich gegenseitig ansingen. Eine Oper ohne einen menschlichen, bewegenden Kern aufzuführen, hat nichts mit großer, zeitloser Kunst zu tun, sondern ist bloßer Zeitvertreib. In jeder Operninszenierung sollte man zumindest einen Hauch von dem Realitätsgehalt der Kunst verspüren, und das Publikum sollte wenigstens für einen kurzen Augenblick zum Nachdenken angeregt werden. Dafür müssen wir all unsere Kraft einsetzen, körperlich und stimmlich. Wir alle sind Gesamtkunstwerke im wahrsten Sinne des Wortes. Die Regiearbeit, wie sie Harry Kupfer und andere große Regisseure verfolgen, ist für mich die einzig richtige. Jetzt gerate ich ins Schwärmen – ich mag keine Schwärmer, weil man denen zu Recht kein Wort glauben darf –, aber ich empfinde es wirklich so, daß Kupfer der Oper in der heutigen Zeit eine neue Bedeutung gegeben hat. Seine Inszenierungen zeigen, daß es sich nicht um eine alte, verstaubte Kunstform handelt, sondern daß die Oper sich mit menschlichen Problemen beschäftigt, die zeitlos sind und uns berühren. Diese Auffassung von Oper möchte ich gern zusammen mit großen Regiepersönlichkeiten wie Harry Kupfer auf der Bühne verwirklichen, darum habe ich diesen Beruf gewählt, und wahrscheinlich viele andere Sänger auch.

(Diesem Text liegt ein Gespräch zugrunde, das Rupert Lummer mit Nadine Secunde führte.)

Nadine Secunde, geboren in Ohio, studierte Klavier und Gesang am ›Oberlin Conservatory‹ und an der ›Indiana University School of Music‹. Ein Fulbright-Stipendium führte sie in die Bundesrepublik. Nach ihrem Engagement als Sopranistin am Hessischen Staatstheater in Wiesbaden gab sie 1985 in der Titelrolle von Janáčeks *Káťa Kabanová* ihr Debüt an der Oper der Stadt Köln, deren Ensemble sie bis heute angehört. Seither sang sie an verschiedenen europäischen Opernhäusern, 1987 zum ersten Mal bei den Bayreuther Festspielen, 1988 in Kupfers *Ring*-Inszenierung sang sie die Sieglinde.

Jochen Kowalski
Menschen mit all ihren Leidenschaften

Als ich noch auf der Musikhochschule war, nahm ich an einem Vorsingen für Kupfers *Meistersinger*-Inszenierung teil. Ich wurde für die Tenorgruppe der Lehrbuben engagiert. Auf den Proben muß ich Kupfer aufgefallen sein, denn eines Tages kam er auf mich zu und sprach mich an. Er meinte, daß ich das Zeug zu einem Solisten hätte, er könnte zwar meine Stimme noch nicht beurteilen, aber wenn ich nach dem Studium an einem Engagement an der Komischen Oper interessiert sei, solle ich mich an seine Frau wenden, die würde sich um mich kümmern. So bekam ich Gesangsunterricht bei Frau Kupfer – übrigens immer noch als Tenor. Ich empfand mich damals als den geborenen Wagnersänger, aber leider war meine Stimme nicht danach. Ich habe damals auch nicht sehr gut gesungen und mußte einsehen, daß es mit dem Heldenfach wohl nichts würde. Aus letzter Not heraus habe ich Frau Kupfer das Largo von Händel in Altlage vorgesungen, denn bei mir hatte sich die Knabenstimme neben der Tenorlage noch erhalten. Da hat sie ›zugeschlagen‹, und so kam es, daß ich mich auf das Altfach zu spezialisieren begann.

Nach meinem Staatsexamen und einem erfolgreichen Konzert bei den Händelfestspielen in Halle wurde ich 1983 an die Komische Oper verpflichtet, ohne zu wissen, welche Partien ich singen könnte und ob es überhaupt ein Repertoire für einen Countertenor geben würde, denn für viele deutsche Opernhäuser ist dieses Fach völlig ungewöhnlich. Meine erste Rolle war der Fjodor in *Boris Godunov* von Mussorgskij, eigentlich eine Sopran- oder Mezzosopranpartie, die üblicherweise als Hosenrolle besetzt wird. Sie war sozusagen meine Testpartie – bis dahin hatte ich nur im Chor der *Meistersinger*-Lehrbuben auf der Bühne gesungen. Nach Kupfers Urteil muß ich diese Prüfung ganz gut bestanden haben, und daraufhin durfte ich meine erste Titelpartie, den Giustino in Händels gleichnamiger Oper singen; später folgte der Daniel in Händels *Belsazar*, und zuletzt spielte ich in Glucks *Orpheus und Eurydike* den Orpheus. Schon bei unserer ersten gemeinsamen Arbeit ist mir deutlich geworden, daß wir die gleiche Sprache sprechen. Ich kann von ihm abnehmen, wie er sich eine Figur vorstellt: Er spielt vor oder erklärt mit wenigen Worten, was er will, und ich kann das auf meinen Körper übertragen. Kupfer will nicht, daß man ihn kopiert (wie es manche Sänger tun), sondern er fordert, seine Gesten auf die eigene Person zu übertragen und selbst zu verarbeiten, um sie auf eigene Weise neu hervorzubringen. Das ist eigentlich das ganze Geheimnis seiner Art zu arbeiten, und Sänger, die dazu fähig sind, können bei ihm alles machen. Er gibt dem Sänger das Grundkonzept, das er erst einmal exakt befolgen muß; darüber hinaus ist er aber vollkommen frei und kann mit der Figur im Grunde genommen machen, was er will.

Zu Anfang, wenn ich eine Partie einstudiere, mache ich mir nicht allzu viele Gedanken über den Charakter oder die Situation einer Figur; das tue ich erst mit ihm gemeinsam auf der Probebühne. Kupfer hat sehr genaue Vorstellungen von einer Figur, davon erzählt er dem Sänger und gibt ihm detaillierte Anweisungen. Im Verlauf der Proben fange ich an, selbst nachzudenken, und biete ihm etwas an. Nach zwei, drei Wochen haben wir das Stück durchgestellt, und das Gerüst ist erst einmal gebaut. Im weiteren Verlauf läßt er sich das Erarbeitete immer wieder vorspielen, und er wird dabei so unleidlich, daß er alles, was ich mache, ganz schlecht findet. Er behauptet dann, daß nichts mehr richtig sei, und macht mich zur Schnecke, obwohl ich das letzte gebe. Das ist für mich die depressive Phase, die so weit reicht, daß ich ihn teilweise nicht mehr sehen kann – so war es jedenfalls bei *Orpheus*. Ich glaube, Kupfer ist zu diesem Zeitpunkt mit sich selbst im Zweifel, er gibt es aber nicht zu, sondern schiebt die Schuld dem Sänger zu. Nach meiner Erfahrung fordert er Sänger, die er sehr schätzt, in besonderem Maße und macht sie auch stärker fertig; aber das ist nur zum Positiven des Sängers. Deshalb ärgere ich mich auch nicht darüber, und mir ist das lieber, als wenn so eine Scheinharmonie auf den Proben herrscht, in der jeder kritiklos alles über sich ergehen läßt und dadurch völlig unbeteiligt ist. Letztendlich ist dieser Konflikt doch produktiv, und der Sänger macht nach dieser depressiven Phase einen Wahnsinnssprung nach vorn. Überwindet er diesen toten Punkt, wird er frei, und Kupfer läßt der Phantasie des Sängers dann auch die Möglichkeit, sich innerhalb des vorgegebenen Rahmens frei entwickeln zu können. Das ist ein tolles Gefühl für den Sänger, und der Regisseur freut sich wie ein kleines Kind. Das Nie-routiniert-Werden, sondern Immer-naiv-Bleiben, ist eine bewundernswerte Eigenschaft Kupfers. Auf den Proben, wenn ich etwas spiele und ihn mit einem Auge beobachte, sehe ich ihn dasitzen wie ein fünfjähriges Kind vor dem Fernsehgerät, das eine aufregende Märchenverfilmung verfolgt. Er kann eine Szene immer wieder neu erleben, und das überträgt sich auf den Sänger: Er wird animiert, erst einmal für ihn zu spielen. Ich bemerke jede Falte und kann von seinem Gesicht ablesen, ob er mit meiner Darstellung zufrieden ist oder nicht.

Kupfer hat großen Respekt vor der Musik, auch wenn er auf den Proben immer ›Action‹ und viel Bewegung auf der Bühne haben will, er neigt dazu, manchmal zu viel an Bewegung vom Sänger zu verlangen. Durch sein Anfeuern bringt er die Sänger so auf Hochtouren, daß sie alles machen, was er will, auch wenn es sie überfordert. Manche Sänger versuchen, es ihm besonders recht zu machen, sie spielen ihm jede Geste und jeden Schritt nach; aber es ist nichts Eigenes und wirkt lediglich aufgesetzt hektisch, das ist aber letztlich nicht in seinem Sinne. Dieses Übermaß an Bewegung, das im Arbeitsprozeß auf der Suche nach dem bestmöglichen Darstellungsstil wichtig ist, kann man nach und nach reduzieren, ohne daß es Kupfer merkt.
Entscheidend ist, daß ich mit meinen Mitteln und Möglichkeiten das erfülle, was Kupfer sich vorstellt. Die Sänger müssen dem Regisseur gerecht werden und dabei die eigenen Grenzen, körperlich und stimmlich, bedenken. Manchmal müssen sie einfach auch ein bißchen schummeln, um sich selbst zu retten und den Abend zu überstehen. Das weiß Kupfer auch, und er akzeptiert es. Kupfers Inszenierungen erlauben es einem Sänger nicht, in Routine zu verfallen. Die szenischen Aktionen auf der Bühne gehen nahtlos ineinander über, und man muß immer geistig dabeibleiben. Er will, daß der Sänger denkt, was er singt, und den Gedanken soll er auch darstellen.
Als ich Kupfers Konzeption des Orpheus noch nicht kannte, hatte ich völlig andere Vorstellungen davon. Natürlich habe ich nicht gedacht, daß ich mit der Leier im Arm und in griechische Gewänder gehüllt auftreten würde, aber ich erinnere mich, daß ich in der Konzeptionsbesprechung mit sehr gemischten Gefühlen saß und fast enttäuscht war, meine – zugegeben veraltete und klischeehafte – Auffassung von der

Rolle des Orpheus als eines antiken Helden voll Tragik und Leid nicht bestätigt zu bekommen. Kupfer hat die Handlung in die Jetztzeit verlegt, und Orpheus kommt als Rocksänger mit Elektrogitarre auf die Bühne. Damit kam ich zuerst überhaupt nicht zurecht, ich dachte, ich müßte mich ganz anders bewegen – konventionellerweise schreitet man zu dieser Musik! In den ersten Proben zog ich immer noch den alten Stiefel

Orpheus und Eurydike, Berlin 1987
Jochen Kowalski (Orpheus)

ab, so mit gemessenem Schritt und hehrem Blick ins Publikum. Das hat er mir alles abgewöhnt, und es war aufregend mitzuerleben, wie ich seine Gedanken annahm, ohne dabei das Gefühl zu haben, vergewaltigt zu werden. Andere Regisseure oktroyieren dem Sänger: »Du mußt es so machen!«, bei Kupfer gibt es keinen Befehlston, und man kann mit ihm über alles reden. Er verlangt einfach nur vom Sänger, auf die Mu-

sik zu hören und die Gedanken mit menschlichen Gefühlen nachzuvollziehen. Man muß sich bei ihm vollkommen ausziehen, er regt zu eigenem Denken an, und er will, daß der Zuschauer klar ablesen kann, wie und warum ich etwas auf der Bühne mache.
Das Faszinierende an Kupfer ist, daß er Menschen auf der Bühne haben will, Menschen mit all ihren Leidenschaften – darin treffen sich unsere Ambitionen, denn ich möchte kein Opernsängerklischee abliefern. Kupfer hat noch jeden Sänger von seiner Auffassung überzeugt, auch wenn der zunächst dagegen war. Für mich ist es ein großes Glück, am Anfang meiner Laufbahn einem Regisseur wie Harry Kupfer begegnet zu sein und von ihm geführt zu werden. In Biographien großer Schauspieler liest man oft, daß sie von einer Persönlichkeit für ihr ganzes Leben geformt wurden. So ist es, glaube ich, auch mit mir geschehen.

(Diesem Text liegt ein Gespräch zugrunde, das Rupert Lummer mit Jochen Kowalski führte.)

Jochen Kowalski, geboren 1954 in Nauen bei Berlin, absolvierte sein Gesangsstudium an der Hochschule für Musik ›Hanns Eisler‹ in Berlin. Gegen Ende seiner Studienzeit, jedoch nicht an der Hochschule, begann er sich auf die Alt- und Mezzosopranlage zu spezialisieren. 1982 debütierte er als Countertenor bei den Händelfestspielen in Halle. Seit 1983 ist er an der Komischen Oper Berlin engagiert, wo er die Titelpartien in Händels *Giustino* und Glucks *Orpheus und Eurydike* sang. Gastverpflichtungen führten ihn u. a. an die Volksoper Wien, die Grande Opéra Paris, die Hamburger Staatsoper und die Oper der Stadt Köln.

Gespräch mit Anny Schlemm
Ich bin ein gutes Medium

Rupert Lummer: Die erste Partie, die Sie in einer Inszenierung von Harry Kupfer sangen, war die Klytämnestra in Richard Strauss' *Elektra*. Welchen Verlauf nahm Ihre erste Zusammenarbeit?
Anny Schlemm: Die erste Begegnung war seltsam, denn keiner wußte etwas vom anderen. Kupfer hatte mich wohl von der Bühne her gekannt, aber persönlich waren wir uns noch nie begegnet. Und dann kommt da so ein kleines Bürschchen auf die Probebühne ... Wir haben uns erst einmal beschnuppert, und ich hatte den Eindruck, jeder hatte Angst vor dem anderen. Ich habe ja damals die Klytämnestra nicht zum ersten Mal gesungen, aber ich bin ein sehr guter Anpasser. Anfangs hat er mich einfach machen lassen und meinte nur: »Sie haben die Partie schon öfter gesungen, als ich sie auf der Bühne gesehen habe.« Also habe ich gemacht, wie ich es mir gedacht habe, und darauf sagte er zu mir: »Ja, auf der Basis können wir weiterarbeiten.« So fing er an, beinahe unmerklich, mit mir seine Konzeption der Rolle zu erarbeiten – und der Endeffekt war, daß er mich völlig umgekrempelt hatte. Nicht in der Weise wie Felsenstein, der es sehr despotisch gemacht hat, sondern Kupfer läßt den Sänger erst einmal von sich aus etwas anbieten, und das verfeinert er. So zu arbeiten ist für mich wirklich sehr schön, und Kupfer schafft es dabei, das letzte aus einem herauszuholen. Die Zusammenarbeit

verlief nach kurzer Zeit schon so, daß wir uns mit wenigen Worten verstanden haben.

Lummer: Wie geht die Arbeit mit Kupfer auf den Proben vor sich?

Schlemm: Er spielt manchmal dem Sänger den Teil einer Szene vor, aber man sollte ihn lieber nicht nachmachen, denn sonst wird man ein ›kleiner Kupfer‹. Das kenne ich schon von Felsenstein – es gibt so viele ›kleine Felsensteinchen‹! Nein, man muß das Gezeigte aufnehmen und für sich umsetzen; macht man das nicht, bemängelt er sofort: »Du machst mir das jetzt nur nach; versuch einen eigenen Weg, damit du von dir aus, von deinem Inneren her, dahin kommst!« Das Schöne an der Arbeit mit Kupfer ist, daß er einen Sänger auf den Weg dahin führt. Er kommt mit einem fertigen Konzept, das er dem Sänger erzählt, und dieser versucht, alles so zu machen, wie der Regisseur es sich vorgestellt hat. Aber Kupfer ist nicht so verbohrt, daß alles auf Biegen und Brechen so herauskommen muß, wie er es sich gedacht hat. Merkt er, daß seine Vorstellung vom Sänger nicht erfüllt werden kann, ist er der erste, der einen anderen Weg sucht.

Während Felsenstein dem Sänger dessen Gesangspart vorgesungen hat – wodurch jener sich dann bemüßigt fühlte, die Partie genauso zu singen, beschränkt sich Kupfer darauf, gewisse Dinge zu erklären, ich kann dann selbst einen Weg finden, wie ich es gesanglich ausdrücke. Ich habe es immer so empfunden, daß es Kupfer in meiner Hand beläßt, wie ich eine Gesangsphrase stimmlich bewältigen will. Das unglaubliche Gespür, das er für die Persönlichkeit eines Sängers hat, das hat er auch für die Musik. Ich finde, er inszeniert ganz aus der Musik. Wenn manche Leute, wie damals in Bayreuth, behaupten, er vergewaltige ein Werk oder seine Regie zerstöre die Musik, so ist das Quatsch. Bei Chéreau war es doch genau dasselbe, sein *Ring* war für mich so spannend wie der tollste Krimi. Kupfers *Holländer* war in der Wirkung auf den Zuschauer noch fesselnder; nur läßt sich das anhand der Fernsehaufzeichnung leider nicht nachvollziehen, weil nicht das gesamte Bühnengeschehen zu sehen ist. Was sich zwischen Mary und Senta abspielte, die Blickwechsel oder nur, daß Senta spürte, wie Mary sich ihr von hinten näherte, das sieht der Fernsehzuschauer alles nicht.

Lummer: Hatten Sie vor der Probenarbeit mit Kupfer gewußt, welche Bedeutung die Mary in dieser Inszenierung haben würde?

Schlemm: Nein, überhaupt nicht; ich habe diese Rolle überhaupt zum ersten Mal gesungen. Wie Kupfer anfängt, mit mir die Ouvertüre zu proben, sage ich zu ihm: »Du lieber Gott, Harry, was soll denn das?«, worauf er mir erklärt: »Doch, das muß sein; ich brauche das, um den Gedanken entwickeln und fortführen zu können.« Ich habe mich wundgespielt – noch nie habe ich eine Ouvertüre so gut kennengelernt wie die des *Holländers*. Das waren endlose Stunden, und es ist furchtbar, ohne zu singen etwas darstellen zu müssen. Die Figur der Mary zieht sich aber wirklich wie ein roter Faden von der Ouvertüre bis zum Schlußakkord, wenn sie den völlig gebrochenen Daland hinausführt, durch.

Lummer: War es insgesamt schwierig für Sie, diese Rolle einzustudieren, die vom Umfang her keine große gesangliche Präsenz bietet?

Schlemm: Es war wahnsinnig schwer. Was Kupfer mir alles für Geschichten erzählt hat, das kann ich heute gar nicht mehr aufzählen. In dieser Hinsicht war er wie Felsenstein: Um den Sänger auf den Punkt zu bekommen, hat er manchmal – grob gesagt – bei Adam und Eva angefangen.

Lummer: Sie haben den Namen Felsensteins schon mehrmals erwähnt: Sie haben in mehreren seiner Produktionen mitgewirkt und waren dadurch an eine intensive Probenarbeit, wie sie auch Kupfer praktiziert, gewöhnt!

Schlemm: Ich habe in neun Inszenierungen von Felsenstein gespielt, danach konnte mich eigentlich nichts mehr erschüttern! Nun ist Kupfer gar kein Felsenstein-Schüler, er hat nie bei ihm assistiert, noch hat er je an seinem Haus inszeniert, bevor er Chefregisseur an der Komischen Oper wurde. Aber er hat Felsensteins Ideen, von denen er gelesen und gehört hatte, für sich umgesetzt und seinen eigenen Inszenierungsstil, eine eigene Arbeitsweise entwickelt. Ich darf meinen Meister nicht kopieren, wie das so viele andere getan haben. Sie meinen: Wenn man sehr viel agiert, macht und tut, das ist Felsenstein – das ist Kokolores! Manche behaupten auch, er hätte gesagt: »Du darfst nicht singen!« Ja, wenn ein Sänger sich nur hinstellte und schöne Töne produzierte, diese Art von Gesang hat er abgelehnt; er wollte haben, daß der ganze Körper singt!

Lummer: Es ist wohl nicht übertrieben zu behaupten, daß Sie vom ›realistischen Musiktheater‹ Felsensteins nachhaltig geprägt worden sind.

Schlemm: Ja, sehr sogar! Felsenstein hat minutiös jede Geste und jeden Schritt festgelegt, Bewegung und Ausdruck wurden in der Probenarbeit bis ins kleinste fixiert, und sie mußten vom Sängerdarsteller auch exakt eingehalten werden. Es ging auch gar nicht mehr anders, wir konnten uns nur noch so bewegen, wie es einmal erarbeitet worden war.

Felsenstein hat vor den Proben mit kleinen Püppchen die Choreographie und den Bewegungsablauf für Chor und Solisten am Modell durchgespielt. Aber das Höchste waren die Proben zu *Don Giovanni*: Dafür wurde die Bühne von vorn bis hinten in Karos mit Zahlen eingeteilt. Seine Anweisungen lauteten zum Beispiel: »Geh bitte von der 33 nach der 28!« Da

war ich schon geladen! Aber dieses Schema hatte er sich ausgedacht, weil er zwei Besetzungen einstudieren mußte und er verhindern wollte, daß wir, wie damals bei unserem Moskau-Gastspiel, nach dem Ausfall eines Sängers erst Tage später mit den Aufführungen beginnen könnten. Die Sänger waren von der Persönlichkeit her unterschiedliche Menschen, und dieselbe Rolle hätte mit der Zweitbesetzung ganz anders einstudiert werden müssen. Ich sang die Elvira, wir probten gerade das Balkon-Terzett – ich stand also dort oben, trat auf der Stelle, den Kopf nach unten ... Plötzlich rief er mir zu: »Was machst du denn da oben?«, und ich antwortete: »Chef, ich kann hier nicht gehen, ich habe keine Quadrate!« Ich habe gedacht: Der bringt mich um! So mutig war ich allerdings erst, als ich von ihm weggegangen war. Anfangs, als ich fest am Haus engagiert war, hatte ich einen Blutdruck von zweihundertfünfundvierzig ..., er hätte mich dämpfen müssen, aber er hat mich aufgepeitscht. Ich wußte doch in der *Verkauften Braut* nicht mehr, wo ich war – so weit darf man nicht gehen, es muß immer noch ein ›als ob‹ bleiben.
Felsenstein konnte erst mit einem Sänger anfangen zu arbeiten, wenn dieser völlig zerstört war. So etwas gibt es bei Kupfer überhaupt nicht. Das habe ich Harry auch einmal gesagt, wie großartig ich es fände, daß er einen Sänger nicht erst völlig ›down‹ machen müßte, um mit ihm arbeiten zu können. Nein, er läßt einen erst einmal machen und versucht, aus dem, was man anbietet, etwas herauszuholen und zu gestalten.

Lummer: Nimmt Ihnen jene Form der Regie, in der nahezu jede Handbewegung vorgeschrieben wird, nicht jegliche Spontaneität? Führt sie nicht dazu, daß eine Rolle lediglich routiniert abgespult wird?

Schlemm: Nein, überhaupt nicht! Irgend etwas anderes kommt doch immer dazu; es ist aber entscheidend, daß alles

Jenufa, Köln 1981
Anny Schlemm (Küsterin)

von allein abläuft und jeder sich auf jeden verlassen kann. Jeder weiß genau, was er zu tun hat und was der andere machen wird. Das geht mir so in den Körper, ins Blut über, daß ich überhaupt nicht mehr an die Regieanweisungen denke und mich aufs Singen konzentrieren kann.
In manchen Inszenierungen gibt es nur ein ›Herumgestehe‹ und ein sinnloses Arrangieren, es ist fürchterlich! Wenn ich solche Regisseure frage: »Warum muß ich das machen?«, dann heißt es sofort: »Aha, Felsenstein! Kupfer! ...« Das ist schrecklich, wahrscheinlich haben sie Angst davor, daß man ihr Handwerk durchschauen könnte. Ich muß doch wissen, warum ich diesen Gang oder jene Geste mache; aber das ist manchen Regisseuren schon zuviel Einmischung. Von Kupfer kenne ich so etwas nicht.
Lummer: Sie arbeiten demnach gern mit Regisseuren wie Kupfer zusammen?
Schlemm: Ja, ich möchte gern wissen, warum ich irgend etwas auf der Bühne tue. Das habe ich nicht erst von Herrn Felsenstein gelernt ... Ich hatte schon früh einen Blick für die Szene, und Felsenstein hat meine Begeisterungsfähigkeit geschürt und hätte sie immer weiter geschürt, bis ich dabei draufgegangen wäre. Wenn er zu mir gesagt hat: »Der Tisch ist rot!«, dann habe ich bestätigt: »Der Tisch ist rot.« – Wie er wirklich war, interessierte mich überhaupt nicht. Zum Beispiel habe ich vierzehn Tage lang zu Hause mit meinem Vater, der Sänger war, die Szene der Marie probiert, in der mich Hans hochstemmen sollte, wenn ich zum hohen C hinaufsang. Meine Gesangslehrerin behauptete, es könnte nicht funktionieren, ich widersprach ihr: »Das muß gehen! Wenn Felsenstein sagt, es geht, dann muß es gehen.« Ich habe probiert und probiert, aber es klappte nicht; und es kann auch nicht gelingen, weil die Stütze wegbleibt, wenn man an der Hüfte ge-

packt wird. Also habe ich zum Alten gesagt: »Chef, das geht nicht!« Darauf bekam ich zu hören: »Wenn du es nicht kannst, dann müssen wir es eben anders machen.« – Am Ende war ich die Dumme ...

In der Arbeit mit Kupfer ist mir so etwas nie passiert, er bringt seine Ideen und Vorschläge auf eine ganz geschickte Art, so daß man denkt: »Das ist wirklich von dir selbst.« Er geht eben sehr individuell auf einen Sänger ein; wie das im einzelnen abläuft, weiß ich eigentlich gar nicht. Es gibt ein eigenartiges Verständnis zwischen uns. Wenn ich eine Szene auf den Proben vorspiele, und ich schaue zu ihm und sehe sein Gesicht, dann unterbreche ich und frage, was denn falsch gewesen sei. »Oh«, sagt er, »es war nichts.« – »Aber du hast doch *so* ein Gesicht gemacht.« – »Nein ... aber du kannst recht haben, probiere das mal andersherum.« Er hat es wahrscheinlich gar nicht beabsichtigt, aber auf einmal ist ein Draht zwischen uns ... Ich kann das nicht erklären!

Lummer: Wir haben bisher überwiegend davon gesprochen, was die Regisseure von den Sängern verlangen. Welche Anforderungen stellen denn Sie an einen Regisseur?

Schlemm: Ich erwarte, daß er Handlung und Musik sehr gut kennt und daß er ein klares Konzept hat, auch wenn es verschroben ist, ›von hinten quer durchs Auge‹. Das ist ja bei Kupfer manchmal der Fall, beispielsweise beim *Holländer* – wer hat den *Holländer* je vorher so gesehen? Wenn mir alles schlüssig erklärt wird, bin ich voll und ganz dabei. Denn erst wenn ich weiß, warum ich eine Szene so spielen muß, kann ich eine Rolle überzeugend verkörpern. Ich mag es auch als Zuschauer nicht, wenn mir erst erklärt werden muß, wie der Regisseur etwas gemeint hat.

Lummer: Wie sieht Ihre eigene Vorbereitung auf eine Rolle, noch vor der Probenarbeit, aus?

Schlemm: Ich lerne die Partie, und dabei denke ich mir, wie die eine oder andere Szene aussehen könnte, aber ein fertiges Bild habe ich eigentlich nie davon. Ich brauche die Bühne und den Rahmen der Inszenierung, dann spiele ich die Rolle oder eine Szene so, wie ich sie empfinde – und das ist meistens auch passend.
Lummer: Hatten Sie niemals Probleme, sich umzustellen, wenn Sie eine Rolle bereits in einer anderen Inszenierung gespielt hatten? Die Klytämnestra haben Sie doch bei Kupfer nicht zum ersten Mal gesungen.
Schlemm: Nein, ich konnte mich immer sehr gut umstellen. Das war bei mir von Anfang an so: Als ich von Berlin weggegangen bin, habe ich an der Komischen Oper weiterhin die Marie in der *Verkauften Braut* gesungen – diese Marie glich schon der Jenufa, sie war ja schon eine Rachefurie! Einige Tage später habe ich in Köln in einer anderen Inszenierung der *Verkauften Braut* gesungen, mit einem anderen Text. Die erste war für mich die Oper, und die zweite war eben eine Operette. Ich bin immer vollkommen in dem Rahmen, den eine Inszenierung erfordert, und ich kann an die andere gar nicht mehr denken.
In der *Elektra* von Kupfer hatte ich überhaupt keine Schwierigkeiten mit seiner Konzeption der Rolle der Klytämnestra, im Gegenteil. Ich brauche jemanden, den ich mag, dann kann ich alles machen. Ich sage immer: »Ich bin ein gutes Medium.«

Anny Schlemm, geboren 1929 in Neu-Isenburg, studierte in Halle/Saale, wo sie auch 1946 debütierte. Bei ihren folgenden Engagements an der Berliner Staatsoper, der Komischen Oper Berlin, der

Oper der Stadt Köln und der Oper Frankfurt, deren Mitglied sie seit 1952 ist, sang sie das lyrische Sopranfach, dehnte aber ihr Repertoire bereits Mitte der fünfziger Jahre ins jugendlich-dramatische Fach aus. Ende der sechziger Jahre begann die Entwicklung zum Mezzofach, die sich bis heute konsequent ins Charakterfach fortsetzte. Sie hat weit über hundert Partien gestaltet, in einigen Werken auch mehrere Partien, so zum Beispiel in *Jenufa* außer der Titelpartie die Karolka und später die Küsterin oder in *Die Hochzeit des Figaro* Cherubin, Susanna, Gräfin, Marzellina.

Lebensdaten

12.8.1935	In Berlin geboren
1953–1957	Studium an der Theaterhochschule ›Hans Otto‹ in Leipzig. Regieassistent am Landestheater Halle
17.8.1958	Regiedebüt: *Rusalka* von Antonín Dvořák am Landestheater Halle
1958–1962	Oberspielleiter am Theater der Werftstadt in Stralsund
1962–1966	Erster Regisseur an den Städtischen Theatern Karl-Marx-Stadt
1966–1972	Operndirektor am Deutschen Nationaltheater Weimar
1967–1972	Lehrbeauftragter an der Musikhochschule ›Franz Liszt‹ in Weimar
1968	Kunstpreis der DDR
21.3.1971	Erste Inszenierung in Berlin: *Die Frau ohne Schatten* von Richard Strauss an der Deutschen Staatsoper
1972–1981	Operndirektor an der Staatsoper Dresden
24.11.1973	Erste Auslandsinszenierung: *Elektra* von Richard Strauss im Opernhaus Graz
1975	Nationalpreis der DDR 3. Klasse
1977–1981	Professor an der Musikhochschule ›Carl Maria von Weber‹ in Dresden

25.7.1978	Erste Inszenierung für die Bayreuther Festspiele: *Der fliegende Holländer* von Richard Wagner
1980	Martin-Andersen-Nexö-Kunstpreis/Dresden
Seit 1981	Chefregisseur an der Komischen Oper Berlin und Professor an der Musikhochschule ›Hanns Eisler‹ in Berlin
1983	Nationalpreis der DDR 1. Klasse. Mitglied der Akademie der Künste/DDR
1985	Preis der deutschen Kritikervereinigung e.V. Westberlin. Präsidiumsmitglied des Verbandes der Theaterschaffenden der DDR
15.8.1986	Erste Inszenierung für die Salzburger Festspiele: Uraufführung *Die schwarze Maske* von Krzysztof Penderecki
1987	Abschluß des ›Mozart-Zyklus‹ der Komischen Oper anläßlich der 40-Jahr-Feier des Hauses
1988	Inszenierung von Wagners *Ring des Nibelungen* für die Bayreuther Festspiele

Inszenierungsverzeichnis

Originaltitel = O   Produktionstitel = P

Die Rollenbezeichnungen richten sich nach den Besetzungszetteln der Premieren, sofern sie vorlagen.
Der Produktionstitel wird nur angegeben, wenn er von den genannten Titeln abweicht.

1958

Rusalka von Antonín Dvořák, Text: Jaroslav Kvapil, Landestheater, Halle, Premiere: 17.8. 1958. Musikalische Leitung: Ernst Schwaßmann, Bühnenbild/Kostüme: Dieter Degner

Der Freischütz von Carl Maria von Weber, Text: Friedrich Kind, Theater der Werftstadt, Stralsund, Premiere: Oktober 1958. Musikalische Leitung: Olaf Koch, Bühnenbild: Hermann Roloff, Kostüme: Käte Wothke

1959

Enoch Arden oder Der Möwenschrei von Ottmar Gerster, Text: Karl Michael von Levetzow, nach einer Ballade von Alfred Tennyson, Theater der Werftstadt, Stralsund, Premiere: März 1959. Musikalische Leitung: Olaf Koch, Bühnenbild: Albrecht Langenbeck, Kostüme: Käte Wothke

Così fan tutte (O: Così fan tutte ossia La Scuola degli amanti) von Wolfgang Amadeus Mozart, Text: Lorenzo da Ponte, Theater der Werftstadt, Stralsund, Premiere: 7.5. 1959. Musikalische Leitung: Lothar Seyfarth, Bühnenbild/Kostüme: Hermann Roloff

Tiefland von Eugen d'Albert, Text: Rudolf Lothar (= Rudolf Spitzer), nach dem Drama *Terra baixa* von Angel Guimerà, Theater der Werftstadt, Stralsund, Premiere: 17.9. 1959. Musikalische Leitung: Olaf Koch, Bühnenbild: Albrecht Langenbeck, Kostüme: Käte Johann

Schwanda, der Dudelsackpfeifer (O: Švanda Dudák) von Jaromír Weinberger, Text: Miloš Kareš, Theater der Werftstadt, Stralsund, Premiere: 29. 11. 1959. Musikalische Leitung: Olaf Koch, Bühnenbild: Albrecht Langenbeck, Kostüme: Käte Johann

1960

Rita (O: Rita ou Le Mari battu) von Gaetano Donizetti, Text: Gustave Vaëz, Theater der Werftstadt, Stralsund, Premiere: 14. 1. 1960. Musikalische Leitung: Lothar Seyfarth, Bühnenbild: Hermann Roloff, Kostüme: Brigitte Rose, Käte Johann

Il Campanello di notte von Gaetano Donizetti, Text: nach dem französischen Vaudeville *Sonnette de nuit* von Léon-Lévy Brunswick, Theater der Werftstadt, Stralsund, Premiere: 14. 1. 1960. Musikalische Leitung: Lothar Seyfarth, Bühnenbild: Hermann Roloff, Kostüme: Brigitte Rose, Käte Johann

Die lustigen Weiber von Windsor von Otto Nicolai, Text: Hermann Salomon Mosenthal nach William Shakespeares Drama, Theater der Werftstadt, Stralsund, Premiere: 4. 3. 1960. Musikalische Leitung: Olaf Koch, Bühnenbild: Albrecht Langenbeck, Kostüme: Käte Johann

Die Entführung aus dem Serail von Wolfgang Amadeus Mozart, Text: Gottlieb Stephanie d. J. nach Christoph Friedrich Bretzner, Theater der Werftstadt, Stralsund, Premiere: 21. 8. 1960. Musikalische Leitung: Wilhelm Schlenning, Bühnenbild/Kostüme: Albrecht Langenbeck

Der Barbier von Sevilla (O: Il Barbiere di Siviglia ovvero La Precauzione inutile) von Giovanni Paisiello, Text: Giuseppe Petrosellini, nach der Komödie des Beaumarchais, Theater der Werftstadt, Stralsund, Premiere: 16. 11. 1960. Musikalische Leitung: Lothar Seyfarth, Bühnenbild/Kostüme: Albrecht Langenbeck

1961

Der fliegende Holländer von Richard Wagner, Theater der Werftstadt, Stralsund, Premiere: 15. 1. 1961. Musikalische Leitung: Wilhelm Schlenning, Bühnenbild/Kostüme: Albrecht Langenbeck

Otto und Theophano (O: Ottone, re di Germania) von Georg Friedrich Händel, Text: Nicola Francesco Haym nach S. B. Pallavicinos *Teofane*, Theater der Werftstadt, Stralsund, Premiere: 1. 7. 1961. Musikalische Leitung: Lothar Seyfarth, Bühnenbild/Kostüme: Albrecht Langenbeck

Die Zauberflöte von Wolfgang Amadeus Mozart, Text: Emanuel Schikaneder, Theater der Werftstadt, Stralsund, Premiere: 10. 11. 1961. Musikalische Leitung: Lothar Seyfarth, Bühnenbild/Kostüme: Karl-Heinz Baumgärtel

1962

Lohengrin von Richard Wagner, Städtische Theater, Karl-Marx-Stadt, Premiere: 13. 1. 1962. Musikalische Leitung: Robert Satanowski, Bühnenbild: Peter Friede, Kostüme: Renate Heuschkel

Salome von Richard Strauss, Text: Oscar Wilde, Richard Strauss, Übersetzung: Hedwig Lachmann, Theater der Werftstadt, Stralsund, Premiere: 11. 3. 1962. Musikalische Leitung: Lothar Seyfarth, Bühnenbild: Albrecht Langenbeck, Kostüme: Karlheinz Langenbeck

Der arme Konrad von Jean Kurt Forest, Text: nach dem Schauspiel von Friedrich Wolf, Theater der Werftstadt, Stralsund, Premiere: 16. 5. 1962. Musikalische Leitung: Wolfgang Bothe, Bühnenbild/Kostüme: Albrecht Langenbeck

Das Märchen vom Zaren Saltan (O: Skaska o zare Saltane) von Nicolaj Rimskij-Korsakov, Text: Vladimir Belskij nach Aleksandr S. Puškin, Übersetzung/Bearbeitung: Harry Kupfer, Theater der Werftstadt, Stralsund, DDR-Erstaufführung: 15. 11. 1962. Musikalische Leitung: Wolfgang Bothe, Bühnenbild/Kostüme: Karl-Heinz Baumgärtel

1963

Nabucco (O: Nabucodonosor) von Giuseppe Verdi, Text: Temistocle Solera, Städtische Theater, Karl-Marx-Stadt, Premiere: 14. 2. 1963. Musikalische Leitung: Günter Blumhagen, Bühnenbild: Horst Leiteritz, Kostüme: Renate Heuschkel

Die Kluge (O: Die Geschichte von dem König und der klugen Frau) von Carl Orff, Text: nach den Brüdern Grimm, Städtische Theater, Karl-Marx-Stadt, Premiere: 3. 7. 1963. Musikalische Leitung: Günter Blumhagen, Bühnenbild: Horst Leiteritz, Kostüme: Renate Heuschkel

Ein Maskenball (O: Un Ballo in maschera) von Giuseppe Verdi, Text: Antonio Somma, Städtische Theater, Karl-Marx-Stadt, Premiere: 22. 10. 1963. Musikalische Leitung: Walter Heymann, Bühnenbild: Peter Friede, Kostüme: Renate Müller

1964

Périchole (O: La Périchole, P: Die Abenteuer der Périchole) von Jacques Offenbach, Text: Henri Meilhac und Ludovic Halévy, Städtische Theater, Karl-Marx-Stadt, Premiere: 16. 1. 1964. Musikalische Leitung: Wolfgang Suppas, Bühnenbild: Horst Leiteritz, Kostüme: Renate Müller

Wie Tiere des Waldes von Jean Kurt Forest, Text: nach dem Drama von Friedrich Wolf, Theater der Werftstadt, Stralsund, Uraufführung: 21.3. 1964. Musikalische Leitung: Jean Kurt Forest, Bühnenbild/Kostüme: Otto Kahler

Radamisto von Georg Friedrich Händel, Text: Nicola Francesco Haym, Städtische Theater, Karl-Marx-Stadt, Premiere: 2. 7. 1964. Musikalische Leitung: Günter Blumhagen, Bühnenbild/Kostüme: Peter Friede

Monsieur und Madame Denis von Jacques Offenbach, Text: M. Laurencin (= Paul Aimé Chapelle) und Michel Delaporte, Städtische Theater, Karl-Marx-Stadt, Premiere: 24. 10. 1964. Musikalische Leitung: Johannes Zweininger, Bühnenbild: Peter Friede, Kostüme: Renate Müller

Salon Pitzelberger (O: Monsieur Choufleury restera chez lui le...) von Jacques Offenbach, Text: St. Rémy (= Herzog von Morny), Ernest L'Epine, Hector Crémieux, Ludovic Halévy, Städtische Theater, Karl-Marx-Stadt, Premiere: 24. 10. 1964. Musikalische Leitung: Johannes Zweininger, Bühnenbild: Peter Friede, Kostüme: Renate Müller

1965

Arabella von Richard Strauss, Text: Hugo von Hofmannsthal, Städtische Theater, Karl-Marx-Stadt, Premiere: 27.3. 1965. Musikalische Leitung: Günter Blumhagen, Bühnenbild: Wolfgang Vollhard, Kostüme: Renate Heuschkel

Die Passion des Johannes Hörder von Jean Kurt Forest, Text: nach Johannes R. Bechers Drama *Winterschlacht*, Theater der Werftstadt, Stralsund, Uraufführung: 6.5. 1965. Musikalische Leitung: Jean Kurt Forest, Hans Peter Richter, Bühnenbild/Kostüme: Otto Kahler

Madame Butterfly (O: Madama Butterfly) von Giacomo Puccini, Text: Giuseppe Giacosa und Luigi Illica, Städtische Theater, Karl-Marx-Stadt, Premiere: 21.8. 1965. Musikalische Leitung: Dieter Noll, Bühnenbild: Peter Friede, Kostüme: Renate Müller

Die Macht des Schicksals (O: La Forza del destino) von Giuseppe Verdi, Text: Francesco Maria Piave, Städtische Theater, Karl-Marx-Stadt, Premiere: 25. 11. 1965. Musikalische Leitung: Gerhard Rolf Bauer, Bühnenbild: Wolfgang Vollhard, Kostüme: Renate Müller

1966

Die Banditen (O: Les Brigands) von Jacques Offenbach, Text: Henri Meilhac und Ludovic Halévy, Bearbeitung: Eberhard Schmidt, Deutsches Nationaltheater, Weimar, Premiere: 16. 1. 1966. Musikalische Leitung: Carl Ferrand, Bühnenbild: Eberhard Söhnel, Kostüme: Ingrid Rahaus

Hoffmanns Erzählungen (O: Les Contes d'Hoffmann) von Jacques Offenbach, Text: Jules Barbier und Michel Carré, Städtische Theater, Karl-Marx-Stadt, Premiere: 2. 3. 1966. Musikalische Leitung: Dieter Noll, Bühnenbild: Dieter Lange, Kostüme: Renate Heuschkel

Tannhäuser (O: Tannhäuser und der Sängerkrieg auf der Wartburg) von Richard Wagner, Deutsches Nationaltheater, Weimar, Premiere: 11. 9. 1966. Musikalische Leitung: Gerhard Pflüger, Bühnenbild: Peter Friede, Kostüme: Ingrid Rahaus

My Fair Lady von Frederic Loewe, Text: Alan Jay Lerner nach George Bernard Shaws *Pygmalion*, Deutsches Nationaltheater, Weimar, Premiere: 27. 11. 1966. Musikalische Leitung: Hans-Peter Frank, Bühnenbild: Franz Havemann, Kostüme: Ingrid Rahaus

1967

Salome von Richard Strauss, Text: Oscar Wilde, Richard Strauss, Übersetzung: Hedwig Lachmann, Deutsches Nationaltheater, Weimar, Premiere: 16. 4. 1967. Musikalische Leitung: Gerhard Pflüger, Bühnenbild: Wolfgang Vollhard, Kostüme: Ingrid Rahaus

Die Blumen von Hiroshima von Jean Kurt Forest, Text: nach dem Roman von Edita Morris, Deutsches Nationaltheater, Weimar, Uraufführung: 24. 6. 1967. Musikalische Leitung: Jean Kurt Forest, Bühnenbild: Franz Havemann, Kostüme: Ingrid Rahaus

Die Entführung aus dem Serail von Wolfgang Amadeus Mozart, Text: Johann Gottlieb Stephanie d. J. nach Christoph Friedrich Bretzner, Deutsches Nationaltheater, Weimar, Premiere: 21. 9. 1967. Musikalische Leitung: Gerhard Pflüger, Bühnenbild/Kostüme: Dieter Lange

1968

Jacobowsky und der Oberst von Giselher Klebe, Text: Franz Werfel, Deutsches Nationaltheater, Weimar, Premiere: 11. 2. 1968. Musikalische Leitung: Hans-Peter Frank, Bühnenbild/Kostüme: Dieter Lange

Alcina von Georg Friedrich Händel, Text: unbekannt nach Antonio Fanzaglia, nach *Orlando furioso* von Ludovico Ariosto, Deutsches Nationaltheater, Weimar, Premiere: 3. 6. 1968. Musikalische Leitung: Gerhard Pflüger, Bühnenbild/Kostüme: Dieter Lange

Das Märchen vom Zaren Saltan (O: Skaska o zare Saltane) von Nikolaj Rimskij-Korsakov, Text: Vladimir Belskij nach Aleksandr S. Puškin, Bearbeitung: Harry Kupfer, Deutsches Nationaltheater, Weimar, Premiere: 4. 10. 1968. Musikalische Leitung: Rudolf Bräuer, Bühnenbild/Kostüme: Dieter Lange

1969

Der Rosenkavalier von Richard Strauss, Text: Hugo von Hofmannsthal, Deutsches Nationaltheater, Weimar, Premiere: 26. 1. 1969. Musikalische Leitung: Gerhard Pflüger, Bühnenbild/Kostüme: Dieter Lange

Die griechische Hochzeit von Robert Hanell, Text: nach der Erzählung von Herbert Otto, Deutsches Nationaltheater, Weimar, Premiere: 15. 6. 1969. Musikalische Leitung: Hans-Peter Frank, Bühnenbild/Kostüme: Dieter Lange

Fidelio von Ludwig van Beethoven, Text: Josef Sonnleithner, Stephan von Breuning und Georg Friedrich Treitschke, Deutsches Nationaltheater, Weimar, Premiere: 28. 9. 1969. Musikalische Leitung: Gerhard Pflüger, Bühnenbild/Kostüme: Dieter Lange

Madame Butterfly (O: Madama Butterfly) von Giacomo Puccini, Text: Giuseppe Giacosa und Luigi Illica, Deutsches Nationaltheater, Weimar, Premiere: 30. 11. 1969. Musikalische Leitung: Gerhard Pflüger, Bühnenbild: Franz Havemann, Kostüme: Renate Müller, Ingrid Rahaus

1970

Don Carlos von Giuseppe Verdi, Text: François-Josephe Méry und Camille Du Locle nach dem Drama von Friedrich Schiller, Deutsches Nationaltheater, Weimar, Premiere: 21. 5. 1970. Musikalische Leitung: Rudolf Bräuer, Bühnenbild/Kostüme: Dieter Lange

1971

Die Frau ohne Schatten von Richard Strauss, Text: Hugo von Hofmannsthal, Deutsche Staatsoper, Berlin, Premiere: 21.3. 1971. Musikalische Leitung: Otmar Suitner, Bühnenbild: Wilfried Werz, Kostüme: Christine Stromberg, Dramaturgie: Walter Rösler, Regieassistenz: Hans Fetting, Martin Kliefert, Sängerdarsteller: Martin Ritzmann (Kaiser), Enriqueta Tarrès (Kaiserin), Ludmila Dvořáková (Färberin), Antonin Švorc (Färber), Sigrid Kehl (Amme)

Der Freischütz von Carl Maria von Weber, Text: Friedrich Kind, Deutsches Nationaltheater, Weimar, Premiere: 31.3. 1971. Musikalische Leitung: Gerhard Pflüger, Bühnenbild/Kostüme: Dieter Lange, Dramaturgie: Eberhard Schmidt, Sängerdarsteller: Peter Jürgen Schmidt (Max), Wolfgang Ruhl (Kaspar), Waltraut Kohlert (Agathe), Gudrun Fischer (Ännchen), Helmut Baute (Eremit)

Der letzte Schuß von Siegfried Matthus, Deutsches Nationaltheater, Weimar, Premiere: 25.6. 1971. Musikalische Leitung: Hans-Peter Frank, Bühnenbild: Dieter Lange, Kostüme: Eleonore Kleiber, Dieter Lange, Dramaturgie: Eberhard Schmidt, Sängerdarsteller: Uta Priew (Marjutka), Peter Jürgen Schmidt (Leutnant Goworucha-Otrok)

Falstaff von Giuseppe Verdi, Text: Arrigo Boito, Übersetzung: Horst Seeger, Deutsches Nationaltheater, Weimar, Premiere: 24.10. 1971. Musikalische Leitung: Gerhard Pflüger, Bühnenbild/Kostüme: Dieter Lange, Dramaturgie: Eberhard Schmidt, Regieassistenz: Albert Sauer, Sängerdarsteller: Werner Haseleu (Falstaff), Wilfried Lindner (Ford), Nelly Delibaschewa (Alice Ford), Ingeborg Zobel (Mrs. Page), Ingeborg Porstmann (Mrs. Quickly), Gudrun Fischer (Ännchen), Dieter Weimann (Fenton)

1972

Die Hochzeit des Figaro (O: Le Nozze di Figaro) von Wolfgang Amadeus Mozart, Text: Lorenzo da Ponte, Übersetzung: Walter Felsenstein, Staatsoper, Dresden, Premiere: 21.9. 1972. Musikalische Leitung: Siegfried Kurz, Bühnenbild: Peter Friede, Kostüme: Renate Müller, Dramaturgie: Eberhard Schmidt, Wolfgang Pieschel, Regieassistenz: Stefan Schulze, Reinhard Schwalbe, Christine Mielitz, Sängerdarsteller: Wolfgang Hellmich (Graf Almaviva), Elisabeth Breul (Gräfin), Helga Termer (Susanne), Karl-Heinz Stryczek (Figaro), Renate Biskup (Cherubino), Ilse Ludwig (Marcellina), Fred Teschler (Bartolo), Karl-Friedrich Hölzke (Basilio)

Othello (O: Otello) von Giuseppe Verdi, Text: Arrigo Boito, Übersetzung: Walter Felsenstein und Carl Stueber, Deutsche Staatsoper, Berlin, Premiere: 3. 12. 1972. Musikalische Leitung: Wolfgang Rennert, Bühnenbild/Kostüme: Wilfried Werz, Dramaturgie: Walter Rösler, Abendspielleitung: Margitt Steger, Regieassistenz: Hans Fetting, Awram Sintow, Sängerdarsteller: Martin Ritzmann (Othello), Anna Tomowa-Sintow (Desdemona), Karl-Heinz Stryczek (Jago), Eberhard Büchner (Cassio)

1973

Levins Mühle von Udo Zimmermann, Text: Ingo Zimmermann nach dem Roman von Johannes Bobrowski, Staatsoper, Dresden, Uraufführung: 27. 3. 1973. Musikalische Leitung: Siegfried Kurz, Bühnenbild/Kostüme: Peter Friede, Dramaturgie: Eberhard Schmidt, Regieassistenz: Stefan Schulze, Reinhard Schwalbe, Christine Mielitz, Jürgen Maschwitz, Sängerdarsteller: Wolfgang Hellmich (Levin), Barbara Gubisch (Christina, seine Frau), Hajo Müller (Johann), Karl-Heinz Stryczek (Weiszmantel), Rudolf Dreßler (Habedank), Helga Termer (Marie), Brigitte Pfretzschner (Tante Huse), Rolf Haunstein (Willuhn), Günter Neef (Fagin), Stephan Spiewok (Gustav), Hermi Ambros (seine Frau), Karl-Friedrich Hölzke (Pfarrer Glinski), Ruth Lange (Frau Glinski), Jürgen Hartfiel (Kaplan Rogalla), Armin Ude (Gastwirt Rosinke), Renate Biskup (Frau Rosinke), Konrad Rupf (Kreisrichter Nebenzahl), Karl-Heinz Koch (Justizsekretär Bonikowski), Horand Friedrich (Dorfgendarm Adam), Wolfgang Markgraf (Kossakowski), Eleonore Elstermann (Frau Kossakowski), Karl Wüstenmann (Tomaschewski), Moutlak Osman (Zirkusdirektor), Johannes Urban (Unteroffizier)

Fidelio von Ludwig van Beethoven, Text: Josef Sonnleithner, Stephan von Breuning und Friedrich Treitschke, Staatsoper, Dresden, Premiere: 2. 6. 1973. Musikalische Leitung: Herbert Blomstedt, Bühnenbild/Kostüme: Peter Friede, Dramaturgie: Eberhard Schmidt, Abendspielleitung: Stefan Schulze, Regieassistenz: Jürgen Maschwitz, Sängerdarsteller: Ingeborg Zobel (Leonore), Reiner Goldberg (Florestan), Karl-Heinz Stryczek (Don Pizarro), Rolf Wollrad (Rocco), Helga Termer (Marzelline), Armin Ude (Jaquino), Hajo Müller (Don Fernando)

Renard von Igor Stravinskij, Übersetzung: Rupert Koller, Staatsoper, Dresden, Premiere: 15. 9. 1973. Musikalische Leitung: Gert Bahner, Bühnenbild: Peter Sykora, Kostüme: Eva Sickert, Choreographie: Hans-Jürgen Lachotta, Dramaturgie: Eberhard Schmidt, Regieassistenz: Christine Mielitz, Reinhard Schwalbe, Michael Heineke, Sängerdarsteller: Armin Ude (Tenor I), Karl-Heinz Koch (Tenor II), Wolfgang Hellmich (Baß I), Rolf Wollrad (Baß II)

Mavra von Igor Stravinskij, Text: Boris Kochno, Übersetzung: Alexander Elukhen, Staatsoper, Dresden, DDR-Erstaufführung: 15. 9. 1973. Musikalische Leitung: Gert Bahner, Bühnenbild: Peter Sykora, Kostüme: Eva Sickert, Dramaturgie: Eberhard Schmidt, Regieassistenz: Christine Mielitz, Reinhard Schwalbe, Michael Heineke, Sängerdarsteller: Helga Termer (Parascha), Brigitte Pfretzschner (Mutter), Barbara Gubisch (Nachbarin), Horst Hiestermann (Husar), Heinz Forker (Tuba)

Weiße Nächte (O: Belje noči) von Jurij Buzko, Text: nach der Erzählung von F. M. Dostoevskij, Übersetzung: Horst Seeger, Staatsoper, Dresden, Uraufführung: 15. 9. 1973. Musikalische Leitung: Gert Bahner, Bühnenbild: Peter Sykora, Kostüme: Eva Sickert, Dramaturgie: Eberhard Schmidt, Regieassistenz: Christine Mielitz, Reinhard Schwalbe, Michael Heineke, Sängerdarsteller: Lydija Rushizkaja (Nastenka), Reiner Goldberg (Der Träumer)

Elektra von Richard Strauss, Text: Hugo von Hofmannsthal, Opernhaus, Graz, Premiere: 24. 11. 1973. Musikalische Leitung: Ernst Märzendorfer, Bühnenbild/Kostüme: Wilfried Werz, Regieassistenz: Uta Werner, Sängerdarsteller: Ludmila Dvořáková (Elektra), Elisabeth Schwarzenberg (Chrysothemis), Gertraud Eckert (Klytämnestra), Jaroslav Stajnc (Orest), Richard Ames (Aegisth)

1974

Falstaff von Giuseppe Verdi, Text: Arrigo Boito, Übersetzung: Horst Seeger, Staatsoper, Dresden, Premiere: 27. 3. 1974. Musikalische Leitung: Siegfried Kurz, Bühnenbild/Kostüme: Peter Friede, Dramaturgie: Eberhard Schmidt, Regieassistenz: Christine Mielitz, Sängerdarsteller: Werner Haseleu (Falstaff), Eleonore Elstermann (Alice Ford), Barbara Gubisch (Meg Page), Ilse Ludwig (Frau Quickly), Karin Eickstaedt (Ännchen), Reiner Goldberg (Fenton), Rolf Haunstein (Ford), Karl-Friedrich Hölzke (Dr. Cajus), Günter Neef (Bardolph), Günter Dreßler (Pistol)

Die schweigsame Frau von Richard Strauss, Text: Stefan Zweig, Staatsoper, Dresden, Premiere: 30. 6. 1974. Musikalische Leitung: Wolfgang Rennert, Bühnenbild: Peter Friede, Kostüme: nach den Originalentwürfen der Uraufführung in Dresden 1935 von Leonhard Fanto, Dramaturgie: Wolfgang Pieschel, Regieassistenz: Christine Mielitz, Sängerdarsteller: Theo Adam (Sir Morosus), Jürgen Hartfiel (Barbier), Eberhard Büchner (Henry Morosus), Ursula Reinhard-Kiss (Aminta)

Don Giovanni (O: Don Giovanni ossia Il dissoluto punito) von Wolfgang Amadeus Mozart, Text: Lorenzo da Ponte, Opernhaus, Graz, Premiere: 29. 9. 1974. Musikalische Leitung: Ernst Märzendorfer, Bühnenbild/Kostüme: Wilfried Werz, Regieassistenz: Uta Werner, Sängerdarsteller: Claudio Nicolai (Don Giovanni), Hans Tschammer (Komtur), Erika Uphagen (Donna Anna), Sigurd Björnsson (Don Ottavio), Nelly Ailakova (Donna Elvira), Helmut Berger-Tuna (Leporello), Raeschelle Potter (Zerlina), Günter Lackner (Masetto)

Herzog Blaubarts Burg (O: A kékszakállú herceg vára) von Béla Bartók, Text: Béla Balázs, Übersetzung: W. Ziegler, Staatsoper, Dresden, Premiere: 17. 11. 1974. Musikalische Leitung: Siegfried Kurz, Bühnenbild/Kostüme: Peter Sykora, Dramaturgie: Eberhard Schmidt, Abendspielleitung: Christine Mielitz, Sängerdarsteller: Werner Haseleu (Herzog Blaubart), Ingeborg Zobel (Judith)

Sabellicus von Rainer Kunad, Deutsche Staatsoper, Berlin, Uraufführung: 21. 12. 1974. Musikalische Leitung: Wolfgang Rennert, Bühnenbild: Peter Sykora, Kostüme: Christine Stromberg, Choreographie: Harald Wandtke, Dramaturgie: Walter Rösler, Abendspielleitung: Ernst Hübner, Regieassistenz: Martin Kliefert, Sängerdarsteller: Karl-Heinz Stryczek (Sabellicus), Heinz Reeh (Sebastian), Edda Schaller (Rubella), Carolyn Smith-Meyer (Clarissa), Werner Haseleu (Kanzler), Günther Kurth (Herzog), Fritz Hübner (Bürgermeister), Günter Fröhlich (Stadthauptmann), Horst Hiestermann (Mönch), Kurt Rehm (Offizier)

1975

Moses und Aron von Arnold Schönberg, Staatsoper, Dresden, DDR-Erstaufführung: 26. 4. 1975. Musikalische Leitung: Siegfried Kurz, Bühnenbild: Reinhart Zimmermann, Kostüme: Hartmut Henning, Choreographie: Harald Wandtke, Dramaturgie: Eberhard Schmidt, Regieassistenz: Christine Mielitz, Michael Heinike, Traut Matthies, Detlef Rogge, Sängerdarsteller: Reiner Goldberg (Aron), Werner Haseleu (Moses)

Die Zauberflöte von Wolfgang Amadeus Mozart, Text: Emanuel Schikaneder, Staatsoper, Dresden, Premiere: 18. 9. 1975. Musikalische Leitung: Siegfried Kurz, Bühnenbild/Kostüme: Peter Sykora, Dramaturgie: Eberhard Schmidt, Regieassistenz: Michael Heinicke, Sängerdarsteller: Rolf Tomaszewski (Sarastro), Peter Schreier (Tamino), Isabella Nawe (Königin der Nacht), Jana Smítková (Pamina), Werner Haseleu (Sprecher), Jürgen Freier (Papageno), Hermi Ambros (Papagena)

Tristan und Isolde von Richard Wagner, Staatsoper, Dresden, Premiere: 12. 10. 1975. Musikalische Leitung: Marek Janowski, Bühnenbild/Kostüme: Peter Sykora, Dramaturgie: Eberhard Schmidt, Regieassistenz: Michael Heinicke, Traut Matthies, Detlef Rogge, Sängerdarsteller: Spas Wenkoff (Tristan), Ingeborg Zobel (Isolde), Barbara Gubisch (Brangäne), Theo Adam (König Marke), Rolf Haunstein (Kurwenal), Wolfgang Hellmich (Melot)

Wozzeck von Alban Berg, Text: Alban Berg nach Georg Büchner, Opernhaus, Graz, Premiere: 22. 11. 1975. Musikalische Leitung: Gustav Erny, Bühnenbild/Kostüme: Wilfried Werz, Regieassistenz: Uta Werner, Sängerdarsteller: Gottfried Hornik (Wozzeck), Gertraud Eckert (Marie), Thomas Moser (Tambourmajor), Richard Ames (Hauptmann), Helmut Berger-Tuna (Doktor)

1976

Fürst Igor (O: Knjas' Igor') von Aleksandr Borodin, Übersetzung: Frans Lasson, Bearbeitung: Harry Kupfer und Wolfgang Rennert, Det kongelige Teater, Kopenhagen, Premiere: 17. 1. 1976. Musikalische Leitung: Wolfgang Rennert, Bühnenbild/Kostüme: Wilfried Werz, Choreographie: Tom Schilling, Regieassistenz: Anne Fugl, Sängerdarsteller: Ib Hansen (Igor), Ulrik Cold (Fürst Kontschak), Aage Haugland (Galitzki), Peter Lindroos (Wladimir), Lisbeth Balslev (Jaroslawna), Minna Nyhus (Kontschakowna)

Die Banditen (O: Les Brigands) von Jacques Offenbach, Text: Henri Meilhac und Ludovic Halévy, Übersetzung: Klaus Eidam, Bearbeitung: Franz Peter Müller-Sybel, Harry Kupfer, Eberhard Schmidt, Staatsoper, Dresden, Premiere: 29. 5. 1976. Musikalische Leitung: Franz Peter Müller-Sybel, Bühnenbild/Kostüme: Peter Sykora, Mitarbeit Choreographie: Roland Giertz, Dramaturgie: Eberhard Schmidt, Regieassistenz: Christine Mielitz, David Sandberg, Sängerdarsteller: Karl-Friedrich Hölzke (Falsacappa), Helga Termer (Fiorella), Rolf Wollrad (Pietro), Stephan Spiewok (Fragoletto), Wolfgang Hellmich (Fürst von Mantua), Johannes Kemter (Campotasso), Jürgen Freier (Antonio), Hajo Müller (Kapitän der Gendarmen), Barbara Gubisch (Prinzessin von Granada)

Die Entführung aus dem Serail von Wolfgang Amadeus Mozart, Text: Johann Gottlieb Stephanie d. J. nach Christoph Friedrich Bretzner, Staatsoper, Dresden, Premiere: 26. 9. 1976. Musikalische Leitung: Herbert Blomstedt, Bühnenbild/Kostüme: Peter Sykora, Dramaturgie: Eberhard Schmidt, Regieassistenz: David Sandberg, Christine Mielitz, Sängerdarsteller: Werner Haseleu (Bassa Selim), Carolyn Smith-Meyer (Konstanze), Barbara Sternberger

(Blonde), Armin Ude (Belmonte), Uwe Peper (Pedrillo), Rolf Tomaszewski (Osmin)

Der Schuhu und die fliegende Prinzessin von Udo Zimmermann, Text: Udo Zimmermann und Eberhard Schmidt, Staatsoper, Dresden, Uraufführung: 30. 12. 1976. Musikalische Leitung: Max Pommer, Bühnenbild/Kostüme: Peter Sykora, Dramaturgie: Eberhard Schmidt, Regieassistenz: David Sandberg, Sängerdarsteller: Jürgen Freier (Schuhu), Helga Termer (die fliegende Prinzessin), Barbara Höhne (1. Clown), Gabriele Auenmüller (2. Clown), Eleonore Elstermann (3. Clown), Renate Biskup (4. Clown), Brigitte Pfretzschner (5. Clown), Ilse Ludwig (6. Clown), Karl-Friedrich Hölzke (7. Clown), Stephan Spiewok, Armin Ude (8. Clown), Günter Neef (9. Clown), Werner Haseleu (10. Clown), Hajo Müller (11. Clown), Rolf Tomaszewski (12. Clown)

1977

Elektra von Richard Strauss, Text: Hugo von Hofmannsthal, De Nederlandse Operastichting, Amsterdam, Premiere: 3. 2. 1977. Musikalische Leitung: Michael Gielen, Bühnenbild/Kostüme: Wilfried Werz, Sängerdarsteller: Hanna Rumowska (Elektra), Anna Alexieva (Chrysothemis), Anny Schlemm (Klytämnestra), Günter Reich (Orest), Matti Juhani (Aegisth)

Hoffmanns Erzählungen (O: Les Contes d'Hoffmann) von Jacques Offenbach, Text: Jules Barbier und Michel Carré, Übersetzung: Gerhard Schwalbe, Staatsoper, Dresden, Premiere: 20. 4. 1977. Musikalische Leitung: Siegfried Kurz, Bühnenbild: Peter Sykora, Kostüme: Christine Stromberg, Dramaturgie: Eberhard Schmidt, Regieassistenz: David Sandberg, Sängerdarsteller: Günther Kurth (Hoffmann), Carolyn Smith-Meyer (Stella/Olympia/Giulietta/Antonia), Karl-Heinz Stryczek (Lindorf/Coppelius/Dapertutto/Mirakel), Günter Neef (Andreas/Cochenille/Franz/Pitichinaccio), Jürgen Freier (Genius/Niklas), Karl-Friedrich Hölzke (Nathanael/Spalanzani), Jürgen Hartfiel (Hermann/Schlemihl), Werner Haseleu (Lutter/Crespel)

Parsifal von Richard Wagner, Deutsche Staatsoper, Berlin, Premiere: 13. 7. 1977. Musikalische Leitung: Otmar Suitner, Bühnenbild: Peter Sykora, Kostüme: Christine Stromberg, Dramaturgie: Walter Rösler, Regieassistenz: Hans Fetting, Ernst Hübner, Sängerdarsteller: Spas Wenkoff (Parsifal), Siegfried Vogel (Gurnemanz), Theo Adam (Amfortas), Gisela Schröter (Kundry), Günther Leib (Klingsor), Motomu Itzuki (Titurel)

Das Märchen vom Zaren Saltan (O: Skaska o zare Saltane) von Nicolaj Rimskij-Korsakov, Text: Vladimir Belskij nach Aleksandr S. Puškin, Übersetzung/Bearbeitung: Harry Kupfer, Staatsoper, Dresden, Premiere: 6. 10. 1977. Musikalische Leitung: Siegfried Kurz, Bühnenbild/Kostüme: Peter Sykora, Choreographie: Roland Giertz, Dramaturgie: Wolfgang Pieschel, Regieassistenz: David Sandberg, Wolfgang Ansel, Michael Becker, Sängerdarsteller: Rolf Wollrad (Zar Saltan), Lidija Rushizkaja (Militrissa), Eleonore Elstermann (Ältere Schwester), Barbara Gubisch (Mittlere Schwester), Ilse Ludwig (Base Babaricha), Stephan Spiewok (Zarewitsch Gwidon), Barbara Hoene (Schwanenprinzessin), Günter Dreßler (Hofnarr)

Parsifal von Richard Wagner, Det kongelige Teater, Kopenhagen, Premiere: 5. 12. 1977. Musikalische Leitung: Wolfgang Rennert, Bühnenbild: Peter Sykora, Kostüme: Reinhard Heinrich, Regieassistenz: Anne Fugl, Sängerdarsteller: Peter Lindroos (Parsifal), Ib Hansen (Amfortas), Jørgen Klint (Titurel), Ulrik Cold (Gurnemanz), Aage Haugland (Klingsor), Gisela Schröter (Kundry)

1978

Elektra von Richard Strauss, Text: Hugo von Hofmannsthal, Übersetzung: Anthony Hose, Welsh National Opera, Cardiff, Premiere: 15. 3. 1978. Musikalische Leitung: Richard Armstrong, Bühnenbild/Kostüme: Wilfried Werz, Regieassistenz: Julian Hope, Sängerdarsteller: Pauline Tinsley (Elektra), Anne Evans (Chrysothemis), Kerstin Meyer (Klytämnestra), Philipp Joll (Orest), John Mitchinson (Aegisth)

Pelleas und Melisande (O: Pelléas et Mélisande) von Claude Debussy, Text: Maurice Maeterlinck, Staatsoper, Dresden, Premiere: 18. 5. 1978. Musikalische Leitung: Herbert Blomstedt, Bühnenbild/Kostüme: Peter Sykora, Dramaturgie: Eberhard Schmidt, Abendspielleitung: Christine Mielitz, Regieassistenz: Wolfgang Ansel, Michael Becker, Hanns-Michael Siebert, Sängerdarsteller: Nelly Ailakowa (Melisande), Reiner Goldberg (Pelleas), Werner Haseleu (Golaud), Rolf Tomaszewski (König Arkel), Cornelia Wosnitza (Yniold)

Der fliegende Holländer von Richard Wagner, Bayreuther Festspiele, Festspielhaus, Bayreuth, Premiere: 25. 7. 1978. Musikalische Leitung: Dennis Russell Davies, Bühnenbild: Peter Sykora, Kostüme: Reinhard Heinrich, Regieassistenz: Christine Mielitz, Ernö Weil, Sängerdarsteller: Lisbeth Balslev (Senta), Simon Estes (Holländer), Matti Salminen (Daland), Anny Schlemm (Mary), Robert Schunk (Erik), Francisco Araiza (Steuermann)

Tannhäuser (O: Tannhäuser und der Sängerkrieg auf der Wartburg) von Richard Wagner, Staatsoper, Dresden, Premiere: 10. 12. 1978. Musikalische Leitung: Siegfried Kurz, Bühnenbild/Kostüme: Peter Sykora, Choreographie: Harald Wandtke, Dramaturgie: Eberhard Schmidt, Abendspielleitung: Jürgen Muck, Regieassistenz: David Sandberg, Wolfgang Ansel, Sängerdarsteller: Reiner Goldberg (Tannhäuser), Lisbeth Balslev (Elisabeth), Ingeborg Zobel (Venus), Wolfgang Hellmich (Wolfram), Rolf Tomaszewski (Landgraf), Armin Ude (Walter), Hajo Müller (Biterolf)

1979

Vincent von Rainer Kunad, Text: nach Szenen aus dem Schauspiel *Van Gogh* von Alfred Matusche, Staatsoper, Dresden, Uraufführung: 22. 2. 1979. Musikalische Leitung: Peter Gülke, Bühnenbild/Kostüme: Peter Sykora, Dramaturgie: Eberhard Schmidt, Regieassistenz: Wolfgang Ansel, Jürgen Muck, Jürgen Hinz, Sängerdarsteller: Werner Haseleu (Vincent), Gabriele Auenmüller (Jacky), Stephan Spiewok (Theo), Hajo Müller (Gauguin), Fred Teschler (Dr. Gachet), Brigitte Pfretzschner (Bordellbesitzerin), Günter Dreßler (Briefträger), Günter Neef (Kellner), Ingeborg Zobel (Arlesierin), Rolf Wollrad (Schaubudenbesitzer), Andrea Ihle (Maigre), Elisabeth Wilke (Fifille), Helga Termer (Caneton), Karl-Friedrich Hölzke (Direktor der Irrenanstalt)

Die Zauberflöte von Wolfgang Amadeus Mozart, Text: Emanuel Schikaneder, Staatsoper, Dresden, Premiere: 27. 4. 1979. Musikalische Leitung: Siegfried Kurz, Bühnenbild/Kostüme: Peter Sykora, Dramaturgie: Eberhard Schmidt, Abendspielleitung: Jürgen Muck, Regieassistenz: Wolfgang Ansel, Ingolf Huhn, Sängerdarsteller: Rolf Tomaszewski (Sarastro), Ryszard Karczykowski (Tamino), Werner Haseleu (Sprecher), Isabella Nawe (Königin der Nacht), Nelly Ailakowa (Pamina), Jürgen Freier (Papageno), Andrea Ihle (Papagena)

Salome von Richard Strauss, Text: Oscar Wilde, Richard Strauss, Übersetzung: Hedwig Lachmann, Deutsche Staatsoper, Berlin, Premiere: 24. 6. 1979. Musikalische Leitung: Wolfgang Rennert, Bühnenbild: Wilfried Werz, Kostüme: Christine Stromberg, Choreographie: Harald Wandtke, Dramaturgie: Walter Rösler, Regieassistenz: Ernst Hübner, Martin Kliefert, Sängerdarsteller: Josephine Barstow (Salome), Theo Adam (Jochanaan), Günther Kurth (Herodes), Ludmila Dvořáková (Herodias), Eberhard Büchner (Narraboth), Uta Priew (Page)

Lulu von Alban Berg, Text: Alban Berg nach Frank Wedekind, Oper, Frankfurt am Main, Premiere: 14. 10. 1979. Musikalische Leitung: Michael Gielen, Bühnenbild: Peter Sykora, Kostüme: Reinhard Heinrich, Dramaturgie: Klaus Zehelein, Abendspielleitung: Wolfgang Müllner, Sängerdarsteller: Slavka Taskowa (Lulu), Dunja Vejzovic (Geschwitz), Jean van Ree (Alwa), Dieter Weller (Dr. Schön), Adalbert Waller (Schigolch)

1980

Simon Boccanegra (P: Simone Boccanegra) von Giuseppe Verdi, Text: Francesco Maria Piave, Arrigo Boito, Übersetzung: Eberhard Schmidt, Staatsoper, Dresden, Premiere: 18. 1. 1980. Musikalische Leitung: Siegfried Kurz, Bühnenbild: Peter Sykora, Kostüme: Reinhard Heinrich, Dramaturgie: Eberhard Schmidt, Regieassistenz: David Sandberg, Jürgen Muck, Sängerdarsteller: Karl-Heinz Stryczek (Simone), Rolf Tomaszewski (Fiesko), Werner Haseleu (Paolo Albiani), Günter Dreßler (Pietro), Nelly Ailakowa (Amelia), Reiner Goldberg (Gabriele Adorno)

Alcina von Georg Friedrich Händel, Text: unbekannt nach Antonio Fanzaglia, nach *Orlando furioso* von Ludovico Ariosto, Übersetzung: Eberhard Schmidt, Opernhaus, Graz, Premiere: 22. 3. 1980. Musikalische Leitung: Wolfgang Rot, Bühnenbild: Wolfgang Gussmann, Kostüme: Reinhard Heinrich, Regieassistenz: Uta Werner, Petra Mayer-Zick, Sängerdarsteller: Nelly Ailakowa (Alcina), David Sundquist (Ruggiero), Annemarie Kleinschuster (Morgana), Sharon Moore (Bradamante), Georg Hurny (Oronte), James Johnson (Melisso), André Fournier (Oberto)

Madame Butterfly (O: Madama Butterfly) von Giacomo Puccini, Text: Giuseppe Giacosa und Luigi Illica, Übersetzung: Christof Bitter, Oper, Frankfurt am Main, Premiere: 25. 6. 1980. Musikalische Leitung: Friedrich Pleyer, Bühnenbild/Kostüme: Marco Arturo Marelli, Dramaturgie: Klaus Zehelein, Regieassistenz: Gerhard Fábin, Wolfgang Müllner, Sängerdarsteller: Akiko Kuroda (Cio-Cio-San), Seppo Ruohonen (Pinkerton), Ladislaus Konya (Sharpless), Vladimir de Kanel (Onkel Bonze)

Eugen Onegin (O: Evgenj Onegin) von Pëtr Ill'ič Čaikovskij, Text: Pëtr Ill'ič Čaikovskij und Konstantin Šilovskij nach Aleksandr S. Puškin, Übersetzung: Wolf Ebermann und Manfred Koerth, Staatsoper, Dresden, Premiere: 9. 11. 1980. Musikalische Leitung: Herbert Blomstedt, Bühnenbild: Peter Sykora, Kostüme: Reinhard Heinrich, Mitarbeit Choreographie: Roland Giertz, Dramaturgie: Eberhard Schmidt, Regieassistenz: Jürgen Muck, Wolfgang Ansel,

Ferdinand Hofmann, Sängerdarsteller: Wolfgang Hellmich (Onegin), Zora Jehličková (Tatjana), Ryszard Karczýkowski (Lenski), Theo Adam (Fürst Gremin), Ingeborg Zobel (Larina), Elisabeth Wilke (Olga), Ilse Ludwig (Filipjewna), Karl-Heinz Koch (Triquet), Gunther Emmerlich (Saretzki), Jürgen Hartfiel (Hauptmann)

1981

Jenufa (O: Její pastorkyňa) von Leoš Janáček, Text: Gabriela Preissová, Übersetzung: Max Brod, Texteinrichtung: Claus H. Henneberg, Oper der Stadt, Köln, Premiere: 22. 3. 1981. Musikalische Leitung: Gerd Albrecht, Bühnenbild: Peter Sykora, Kostüme: Reinhard Heinrich, Dramaturgie: Claus H. Henneberg, Regieassistenz: Jutta Gleue, Willy Decker, Albert Kost, Sängerdarsteller: Josephine Barstow (Jenufa), Anny Schlemm (Küsterin), René Kollo (Laca), Robert Ilosfalvy (Stewa), Hans Günter Nöcker (Altgesell)

Fidelio von Ludwig van Beethoven, Text: Josef Sonnleithner, Stephan von Breuning und Friedrich Treitschke, De Nederlandse Operastichting, Amsterdam, Premiere: 30. 4. 1981. Musikalische Leitung: Hans Vonk, Bühnenbild/Kostüme: Wilfried Werz, Regieassistenz: Monique Wagemakers, Radboud Moliju, Sängerdarsteller: Jan Alofs (Don Fernando), Willard White (Pizzaro), Günter Neumann (Florestan), Luana DeVol (Leonore), William Wildermann (Rocco), Ellen van Lier (Marzelline), Wonter Goedhardt (Jaquino)

Fidelio von Ludwig van Beethoven, Text: Josef Sonnleithner, Stephan von Breuning und Friedrich Treitschke, Übersetzung: Nicholas Payne, Welsh National Opera, Cardiff, Premiere: 5. 9. 1981. Musikalische Leitung: Richard Armstrong, Bühnenbild/Kostüme: Wilfried Werz, Sängerdarsteller: Anne Evans (Leonore), Dennis Bailey (Florestan), Helen Field (Marzelline), Richard Morton (Jacquino), Richard Van Allan (Pizarro), Stafford Dean (Rocco)

Die Meistersinger von Nürnberg von Richard Wagner, Komische Oper, Berlin, Premiere: 3. 10. 1981. Musikalische Leitung: Rolf Reuter, Bühnenbild/Kostüme: Wilfried Werz, Dramaturgie: Hans-Jochen Genzel, Abendspielleitung: Klaus-Dieter Müller, Oliver Teichmann, Regieassistenz: Martin Kliefert, Sängerdarsteller: Siegfried Vogel (Hans Sachs), Rolf Tomaszewski (Veit Pogner), Wolfgang Hellmich (Sixtus Beckmesser), Günter Neumann (Walther von Stolzing), Uwe Peper (David), Jana Smitkova (Eva), Elzbieta Hornung (Magdalene)

Pelleas und Melisande (O: Pelléas et Mélisande, P: Pelleas and Melisande) von Claude Debussy, Text: Maurice Maeterlinck, Übersetzung: Hugh Macdonald, English National Opera, London, Premiere: 25. 11. 1981. Musikalische Leitung: Mark Elder, Bühnenbild: Reinhard Heinrich nach Entwürfen von Peter Sykora, Kostüme: Reinhard Heinrich, Regieassistenz: David Collins, Lesley Lee, Sängerdarsteller: Eilene Hannan (Melisande), Russell Smythe (Pelleas), Neil Howlett (Golaud), John Tomlinson (Arkel), Sarah Walker (Geneviève), Rosanne Brackenridge (Yniold)

1982

Fausts Verdammung (O: La Damnation de Faust) von Hector Berlioz, Text: Hector Berlioz und Almire Gandonnière, Übersetzung: Eberhard Schmidt, Staatsoper, Dresden, Premiere: 28. 1. 1982. Musikalische Leitung: Robert Hanell, Bühnenbild: Wolfgang Gussmann, Kostüme: Reinhard Heinrich, Choreographie: Roland Giertz, Dramaturgie: Eberhard Schmidt, Regieassistenz: Wolfgang Ansel, Jürgen Muck, Angela Brandt, Sängerdarsteller: Reiner Goldberg (Faust), Werner Haseleu (Mephisto), Magda Nador (Margarete), Gunther Emmerlich (Brander)

Die Entführung aus dem Serail von Wolfgang Amadeus Mozart, Text: Johann Gottlieb Stephanie d. J. nach Christoph Friedrich Bretzner, Komische Oper, Berlin, Premiere: 31.3. 1982. Musikalische Leitung: Rolf Reuter, Bühnenbild: Marco Arturo Marelli, Kostüme: Reinhard Heinrich, Dramaturgie: Eberhard Schmidt, Joachim Großkreutz, Abendspielleitung: Klaus-Dieter Müller, Regieassistenz: Heinz Runge, Sängerdarsteller: Hans-Peter Minetti (Bassa Selim), Magda Nador (Konstanze), Barbara Sternberger (Blonde), Günter Neumann (Belmonte), Uwe Peper (Pedrillo), Hans Franzen (Osmin)

La Bohème von Giacomo Puccini, Text: Giuseppe Giacosa und Luigi Illica, Übersetzung: Joachim Herz und Klaus Schlegel, Komische Oper, Berlin, Premiere: 5. 6. 1982. Musikalische Leitung: Rolf Reuter, Bühnenbild: Reinhart Zimmermann, Kostüme: Eleonore Kleiber, Dramaturgie: Eberhard Schmidt, Abendspielleitung: Oliver Teichmann, Regieassistenz: Heinz Runge, Leonore Haberkorn, Detlef Schöning, Martin Schüler, Sängerdarsteller: Roberta Alexander (Mimi), Mariana Slavova (Musette), Günter Neumann (Rodolphe), János Martin (Marcel), Klement Slowioczek (Schaunard), Hans-Martin Nau (Colline)

Tristan und Isolde von Richard Wagner, Nationaltheater, Mannheim, Premiere: 26. 9. 1982. Musikalische Leitung: Wolfgang Rennert, Bühnenbild:

Wilfried Werz, Kostüme: Christine Stromberg, Dramaturgie: Eberhard Streul, Regieassistenz: Gaby Stähler, Sängerdarsteller: Wolfgang Neumann (Tristan), Astrid Schirmer (Isolde), Gabriele Schnaut (Brangäne), Franz Mazura (König Marke), Georg Paucker (Kurwenal), Johannes M. Kösters (Melot)

1983

Lear von Aribert Reimann, Text: nach William Shakespeare eingerichtet von Claus H. Henneberg, Komische Oper, Berlin, DDR-Erstaufführung: 15. 1. 1983. Musikalische Leitung: Hartmut Haenchen, Bühnenbild: Reinhart Zimmermann, Kostüme: Eleonore Kleiber, Dramaturgie: Hans-Jochen Genzel, Abendspielleitung: Peter Ehrlich, Regieassistenz: Heinz Runge, Angela Brandt, Rumen Neykov, Sängerdarsteller: Werner Haseleu (Lear), Klement Slowioczek (König von Frankreich), Wolfgang Hellmich (Herzog von Albany), John Moulson (Herzog von Cornwall), Frank Folker (Graf von Kent), George Ionescu (Graf von Gloster), Manfred Hopp (Edgar), Hermin Esser (Edmund), Els Bolkestein (Goneril), Eva-Maria Bundschuh (Regan), Jana Smitkova (Cordelia), Werner Enders (Narr)

Wozzeck von Alban Berg, Text: Alban Berg nach Georg Büchner, Württembergische Staatstheater, Großes Haus, Stuttgart, Premiere: 12. 3. 1983. Musikalische Leitung: Dennis Russell Davies, Bühnenbild: Wilfried Werz, Kostüme: Reinhard Heinrich, Dramaturgie: Klaus-Peter Kehr, Abendspielleitung: Gordon McKachnie, Regieassistenz: Rupert Lummer, Jörg Geiger, Sängerdarsteller: Leslie Guinn (Wozzeck), Toni Krämer (Tambourmajor), Martin Finke (Hauptmann), Helmut Berger-Tuna (Doktor), Irmgard Stadler (Marie), Elke Estlinbaum (Margret)

Schuhu en de vliegende prinses (O: Der Schuhu und die fliegende Prinzessin) von Udo Zimmermann, Text/Libretto: Udo Zimmermann und Eberhard Schmidt, De Nederlandse Operastichting, Amsterdam, Premiere: 28. 5. 1983. Musikalische Leitung: Kasper de Roo, Bühnenbild/Kostüme: Reinhard Heinrich, Choreographie: Ide van Heiningen, Dramaturgie: Eberhard Schmidt, Sängerdarsteller: Maarten Flipse (Schuhu), Djoke Winkler Prins (Prinzessin), Maria van Dongen (1. Clown/Schneidersfrau), Charlotte Margiono (2. Clown), Urpu Nuottamo (3. Clown), Hélene Versloot (4. Clown/Bäuerin), Marga Melerna (5. Clown), Ans van Dam (6. Clown), André Spijker (7. Clown/Bürgermeister), Jon Thorsteinsson (8. Clown/oberster Schneckenhirt und Schuhuloge), James Pitka (9. Clown/Erster Spinatgärtner), Sjef van Wersch (10. Clown/Schneider/König von Tripolis), Bert Bijnen

(11. Clown/Kaiser von Mesopotamien), David Shapero (12. Clown/Großherzog von Coburg-Gotha/Starost von Holland)

Rigoletto von Giuseppe Verdi, Text: Francesco Maria Piave, Übersetzung: Walter Felsenstein und Horst Seeger, Komische Oper, Berlin, Premiere: 10. 9. 1983. Musikalische Leitung: Rolf Reuter, Bühnenbild: Ezio Toffolutti, Kostüme: Eleonore Kleiber, Dramaturgie: Joachim Großkreutz, Eberhard Schmidt, Abendspielleitung: Klaus-Dieter Müller, Regieassistenz: Heinz Runge, Jean-Claude Bordet, Sängerdarsteller: Günter Neumann (Herzog), Wolfgang Hellmich (Rigoletto), Magda Nador (Gilda), Hans Franzen (Sparafucile), Violetta Madjarowa (Maddalena)

Boris Godunov von Modest Petrovič Mussorgskij, Text: nach Aleksandr S. Puškin, Übersetzung: Eberhard Schmidt, Komische Oper, Berlin, Premiere: 20. 11. 1983. Musikalische Leitung: Rolf Reuter, Bühnenbild: Reinhart Zimmermann, Kostüme: Reinhard Heinrich, Dramaturgie: Eberhard Schmidt, Abendspielleitung: Peter Ehrlich, Regieassistenz: Johannes Felsenstein, Rupert Lummer, Sängerdarsteller: Siegfried Vogel (Boris Godunov), Jochen Kowalski (Fjodor), Dagmar Schellenberger (Xenia), John Moulson (Schuiskij), Leonard Mróz (Pimen), Michael Rabsilber (Grigorij), Hans-Martin Nau (Warlaam), Uwe Peper (Missail), Ruth Schob-Lipka (Schankwirtin), Manfred Hopp (Gottesnarr)

1984

Idomeneo von Wolfgang Amadeus Mozart, Text: Giovanni Battista Varesco, Übersetzung: Kurt Honolka, Württembergische Staatstheater, Kleines Haus, Stuttgart, Premiere: 21. 1. 1984. Musikalische Leitung: Dennis Russell Davies, Bühnenbild: Wolfgang Gussmann, Kostüme: Eleonore Kleiber, Dramaturgie: Klaus-Peter Kehr, Regieassistenz: Josef Haug, Sängerdarsteller: Rüdiger Wohlers (Idomeneo), Zrinko Sočo (Idamantes), Carmen Reppel (Elektra), Raili Viljakainen (Ilia), Helmut Holzapfel (Arbaces), Tero Hannula (Oberpriester des Poseidon), Roland Bracht (Die Stimme)

Così fan tutte (O: Così fan tutte ossia La Scuola degli amanti) von Wolfgang Amadeus Mozart, Text: Lorenzo da Ponte, Übersetzung: Peter Wittig, Komische Oper, Berlin, Premiere: 13. 4. 1984. Musikalische Leitung: Joachim Willert, Bühnenbild: Reinhart Zimmermann, Kostüme: Eleonore Kleiber, Dramaturgie: Eberhard Schmidt, Joachim Großkreutz, Abendspielleitung: Klaus-Dieter Müller, Regieassistenz: Oliver Teichmann, Albrecht Faasch, Rupert Lummer, Sängerdarsteller: Magda Nador (Fiordiligi), Milagro Vargas (Dorabella), Michael Ebbecke (Guglielmo), Michael Rabsilber (Ferrando), Eva-Maria Bundschuh (Despina), Werner Haseleu (Don Alfonso)

La Bohème von Giacomo Puccini, Text: Giuseppe Giacosa und Luigi Illica, Übersetzung: Joachim Herz und Klaus Schlegel, Volksoper, Wien, Premiere: 8. 6. 1984. Musikalische Leitung: Ernst Märzendorfer, Bühnenbild: Reinhart Zimmermann, Kostüme: Eleonore Kleiber, Mitarbeit Regie: Oliver Teichmann, Abendspielleitung: Beate Hürbe, Hans Laurer, Sängerdarsteller: Jolanta Radek (Mimi), Mirjana Irosch (Musette), Adolf Dallapozza (Rodolphe), Luis Giron-May (Marcel), Christian Boesch (Schaunard), Hans-Martin Nau (Colline), Karl Dönch (Benoit)

Die Entführung aus dem Serail von Wolfgang Amadeus Mozart, Text: Johann Gottlieb Stephanie d. J. nach Christoph Friedrich Bretzner, Stanislavskij-Nemirovič-Dančenko-Musiktheater, Moskau, Premiere: 28. 9. 1984. Musikalische Leitung: Vladimir Košuchar, Bühnenbild: Marco Arturo Marelli, Kostüme: Reinhard Heinrich, Mitarbeit Regie: Klaus-Dieter Müller, Sängerdarsteller: L. G. Ekimov (Bassa Selim), L. G. Štanko (Konstanze), N. R. Milanovič (Blonde), W. W. Taraščenko (Belmonte), Andreas Conrad (Pedrillo), L. O. Simnenko (Osmin)

Giustino von Georg Friedrich Händel, Text: nach Pietro Pariati und Nicolò Beregan, Übersetzung: Eberhard Schmidt, Komische Oper, Berlin, Premiere: 4. 12. 1984. Musikalische Leitung: Hartmut Haenchen, Bühnenbild: Valeri Lewental, Kostüme: Reinhard Heinrich, Mitarbeit Choreographie/Pantomime: Hans-Dieter Scheibel, Dramaturgie: Hans-Jochen Genzel, Abendspielleitung: Heinz Runge, Regieassistenz: Peter Ehrlich, Stephan Blüher, Dimiter Dimitroff, Sigrid Höhne, Sängerdarsteller: Jochen Kowalski (Giustino), Michael Rabsilber (Anastasio), Jana Smitkova (Arianna), Violetta Madjarova (Leocasta), Bernd Grabowski (Amanzio), Günter Neumann (Vitaliano), Hans-Martin Nau (Polidarte), Barbara Sternberger (Fortuna), Rudolf Asmus (Der Orgelspieler auf dem Berg)

1985

Káťa Kabanová von Leoš Janáček, Text: Vincenc Červinka nach Aleksandr N. Ostrovskijs *Das Gewitter*, Übersetzung: Reinhold Schubert, Texteinrichtung: Claus H. Henneberg, Oper der Stadt, Köln, Premiere: 26. 1. 1985. Musikalische Leitung: Gerd Albrecht, Bühnenbild: Reinhart Zimmermann, Kostüme: Reinhard Heinrich, Dramaturgie: Claus H. Henneberg, Regieassistenz: Florian Leibrecht, Burghard Hattendorff, Kai Luft, Sängerdarsteller:

Nadine Secunde (Katja), Günter Neumann (Boris), Helga Dernesch (Kabanicha), Robert Ilosfalvy (Tichon), Matthias Hölle (Savjol), Josef Protschka (Wanja), Delores Ziegler (Warwara), Camillo Meghor (Kuligin)

Belsazar von Georg Friedrich Händel, Text: Charles Jennens, Übersetzung: Eberhard Schmidt, Staatsoper, Hamburg, Premiere: 24. 3. 1985. Musikalische Leitung: Gerd Albrecht, Bühnenbild: Wolfgang Gussmann, Kostüme: Reinhard Heinrich, Abendspielleitung: Adalbert Schwichow, Sängerdarsteller: Helen Donath (Nitocris), Jeanne Piland (Cyrus), Jochen Kowalski (Daniel), Walter Raffeiner (Belsazar), Harald Stamm (Gobrias), Carl Schultz (Bote)

Die verkaufte Braut (O: Prodaná nevěsta) von Bedřich Smetana, Text: Karel Sabina, Übersetzung: Winfried Höntsch und Carl Riha, Komische Oper, Berlin, Premiere: 2. 6. 1985. Musikalische Leitung: Rolf Reuter, Bühnenbild: Reinhart Zimmermann, Kostüme: Eleonore Kleiber, Dramaturgie: Eberhard Schmidt, Abendspielleitung: Heinz Runge, Regieassistenz: Oliver Teichmann, Stefan Blüher, Ute Mehner, Sängerdarsteller: George Ionescu (Krušina), Ruth Schob-Lipka (Ludmila), Charlotte Margiono (Mařenka), Hans-Martin Nau (Micha), Violetta Madjarova (Hata), Andreas Conrad (Vašek), Michael Rabsilber (Jeník), Klement Slowioczek (Kecal)

Judith von Siegfried Matthus, Text: nach dem Drama von Friedrich Hebbel, Komische Oper, Berlin, Uraufführung: 28. 9. 1985. Musikalische Leitung: Rolf Reuter, Bühnenbild: Reinhart Zimmermann, Kostüme: Eleonore Kleiber, Dramaturgie: Eberhard Schmidt, Abendspielleitung: Oliver Teichmann, Regieassistenz: Peter Ehrlich, Stefan Blüher, Olaf Brühl, Angela Brandt, Sängerdarsteller: Eva-Maria Bundschuh (Judith), Werner Haseleu (Holofernes), Wolfgang Hellmich (Kämmerer), Christiane Röhr (Mirza), Horst-Dieter Kaschel (Hauptmann), George Ionescu (Achior), Alfred Wroblewski (Oberpriester), Hans-Otto Rogge (Ephraim), Hans-Martin Nau (Osias), Manfred Hopp (Daniel), Vladimir Bauer (Ammon), Klement Slowioczek (Hosea)

1986

Die lustige Witwe von Franz Lehár, Text: Victor Léon und Leo Stein, Komische Oper, Berlin, Premiere: 12. 1. 1986. Musikalische Leitung: Robert Hanell, Bühnenbild: Hans Schavernoch, Kostüme: Reinhard Heinrich, Dramaturgie: Eberhard Schmidt, Abendspielleitung: Klaus-Dieter Müller, Regieassistenz: Angela Brandt, Sängerdarsteller: Eva-Maria Bundschuh (Hanna Glawari), Maarten Flipse (Graf Danilo), Wolfgang Hellmich (Baron

Mirko Zeta), Charlotte Margiono (Valencienne), Donald George (Camille de Rosillon), Rudolf Asmus (Njegus)

Die Zauberflöte von Wolfgang Amadeus Mozart, Text: Emanuel Schikaneder, Komische Oper, Berlin, Premiere: 30. 3. 1986. Musikalische Leitung: Rolf Reuter, Bühnenbild: Hans Schavernoch, Kostüme: Eleonore Kleiber, Dramaturgie: Gerhard Müller, Eberhard Schmidt, Abendspielleitung: Klaus-Dieter Müller, Regieassistenz: Angela Brandt, Sängerdarsteller: Bernd Grabowski (Sarastro), Donald George (Tamino), Werner Haseleu (Sprecher), Magda Nador (Königin der Nacht), Beatrice Niehoff (Pamina), Maarten Flipse (Papageno), Ute Selbig (Papagena)

Giustino von Georg Friedrich Händel, Text: nach Pietro Pariati und Nicolò Beregan, Übersetzung: Eberhard Schmidt, Volksoper, Wien, Premiere: 12. 4. 1986. Musikalische Leitung: Hartmut Haenchen, Bühnenbild: Valeri Lewental, Kostüme: Reinhard Heinrich, Mitarbeit Choreographie/Pantomime: Hans-Dieter Scheibel, Mitarbeit Regie: Heinz Runge, Abendspielleitung: Karin Schynol, Sängerdarsteller: Jochen Kowalski (Giustino), Adolf Dallapozza (Anastasio), Gertrud Ottenthal (Arianna), Claudia Eder (Leocasta), Gerolf Scheder (Amanzio), Günter Neumann (Vitaliano), Rudolf Katzböck (Polidarte), Edith Schmid (Fortuna), Karl Dönch (Der Orgelspieler auf dem Berg)

Die schwarze Maske von Krzysztof Penderecki, Text: Krzysztof Penderecki und Harry Kupfer nach dem Schauspiel von Gerhart Hauptmann, Salzburger Festspiele, Kleines Festspielhaus, Salzburg, Uraufführung: 15. 8. 1986. Musikalische Leitung: Woldemar Nelsson, Bühnenbild: Hans Schavernoch, Kostüme: Reinhard Heinrich, Regieassistenz: Oliver Teichmann, Andreas Homoki, Sängerdarsteller: Walter Raffeiner (Silvanus Schuller), Josephine Barstow (Benigna), Lona Culmer-Schellbach (Arabella), Marjana Lipovšek (Rosa Sacchi), Martin Finke (Jedidja Potter), Hans Franzen (François Tortebat), Jolanta Radek (Daga), Günter Reich (Löwel Perl), Huub Claessens (Robert Dedo), Malcolm Smith (Plebanus Wendt), Heinz Zednik (Hadank), Rainer Scholze (Graf Ebbo/Hüttenwächter), Gertrude Jahn (Gräfin Laura/Hüttenwächter), Robert Werner (Schedel), Wolfgang Equiluz (Doktor Knoblodizer), Charleston Marquis (Johnson), Ingrid Mayr (Eine Altstimme)

Die schwarze Maske von Krzysztof Penderecki, Text: Krzysztof Penderecki und Harry Kupfer nach dem Schauspiel von Gerhart Hauptmann, Staatsoper, Wien, Premiere: 12. 9. 1986. Übernahme der Produktion von den Salzburger Festspielen

Die Hochzeit des Figaro (O: Le Nozze di Figaro) von Wolfgang Amadeus Mozart, Text: Lorenzo da Ponte, Übersetzung: Walter Felsenstein, Komische Oper, Berlin, Premiere: 12. 12. 1986. Musikalische Leitung: Rolf Reuter, Bühnenbild/Kostüme: Reinhard Heinrich, Dramaturgie: Eberhard Schmidt, Joachim Großkreutz, Abendspielleitung: Oliver Teichmann, Regieassistenz: Angela Brandt, Sängerdarsteller: Roger Smeets (Graf Almaviva), Gertrud Ottenthal (Gräfin Almaviva), Dagmar Schellenberger (Susanna), Bernd Unger (Figaro), Christiane Oertel (Cherubino), Christiane Röhr (Marcellina), Andreas Conrad (Basilio), Hans-Martin Nau (Bartolo)

1987

Boris Godunov von Modest Petrovič Mussorgskij, Text: nach Aleksandr S. Puškin, De Nederlandse Operastichting, Amsterdam, Premiere: 10. 1. 1987. Musikalische Leitung: Hartmut Haenchen, Bühnenbild: Reinhart Zimmermann, Kostüme: Reinhard Heinrich, Mitarbeit Regie: Peter Ehrlich, Dramaturgie: Eberhard Schmidt, Regieassistenz: Monique Wagemakers, Fred Frumberg, Sängerdarsteller: Robert Lloyd (Boris Godunov), Jochen Kowalski (Fjodor), Ellen van Lier (Xenia), Jan Blinkhof (Schuiskij), Willard White (Pimen), Howard Haskin (Grigorij), Henk Smit (Warlaam), James Doing (Missail), Hebe Dijkstra (Schankwirtin), Andreas Conrad (Gottesnarr)

Die Soldaten von Bernd Alois Zimmermann, Text: nach dem Schauspiel von J. M. R. Lenz, Württembergische Staatstheater, Großes Haus, Stuttgart, Premiere: 22. 3. 1987. Musikalische Leitung: Dennis Russell Davies, Bühnenbild/Kostüme: Wolf Münzner, Dramaturgie: Klaus-Peter Kehr, Abendspielleitung: Gordon McKechnie, Regieassistenz: Jörg Geiger, Oliver Teichmann, Andreas Homoki, Sängerdarsteller: Mark Munkittrick (Wesener), Nancy Shade (Marie), Milagro Vargas (Charlotte), Grace Hoffman (Weseners Mutter), Michael Ebbecke (Stolzius), Claudia Rüggeberg (Stolzius' Mutter), Alois Treml (Obrist), William Pell (Desportes), Guy Renard (Pirzel), Karl-Friedrich Dürr (Eisenhardt), Klaus Hirte (Haudy), Raymond Wolansky (Mary), Urszula Koszut (Die Gräfin de la Roche)

Das schlaue Füchslein (O: Příhody Lišky Bystroušky) von Leoš Janáček, Text: nach einer Novelle von Rudolf Těsnohlídek, Übersetzung: Hans Hartleb, Oper der Stadt, Köln, Premiere: 31. 5. 1987. Musikalische Leitung: Gerd Albrecht, Bühnenbild: Hans Schavernoch, Kostüme: Reinhard Heinrich, Dramaturgie: Claus H. Henneberg, Abendspielleitung: Florian Leibrecht, Regieassistenz: Andreas Homoki, Robert Tannenbaum, Sängerdarsteller: Roland Hermann (Der Förster), Eva Tamassy (Försterin), Martin Finke (Der

Schulmeister), Ulrich Hielscher (Der Pfarrer), Robert Bork (Háraschta, ein Geflügelhändler), Erlingur Vigfusson (Der Gastwirt Pasek), Edith Hudalla-Muggenthaler (Die Gastwirtin), Norman Matt (Seppl), Daniel Kirch (Franzl), Janice Hall (Füchslein Schlaukopf), Randall Outland (Fuchs), Tim Binz (Das junge Füchslein Schlaukopf)

Don Giovanni (O: Don Giovanni ossia Il dissoluto punito) von Wolfgang Amadeus Mozart, Text: Lorenzo da Ponte, Übersetzung: Eberhard Schmidt, Komische Oper, Berlin, Premiere: 3. 10. 1987. Musikalische Leitung: Rolf Reuter, Bühnenbild: Valeri Lewental, Kostüme: Eleonore Kleiber, Dramaturgie: Eberhard Schmidt, Joachim Großkreutz, Abendspielleitung: Peter Ehrlich, Regieassistenz: Angela Brandt, Sängerdarsteller: Roger Smeets (Don Giovanni), Hans Franzen (Komtur), Eva-Maria Bundschuh (Donna Anna), Michael Rabsilber (Don Octavio), Thea van der Putten (Donna Elvira), Klement Slowioczek (Leporello), Dietmar Fiedler (Masetto), Ellen van Lier (Zerline)

Orpheus und Eurydike (O: Orfeo ed Euridice) von Christoph Willibald Gluck, Text: Ranieri Simone Francesca Maria de'Calzabigi, Übersetzung: Eberhard Schmidt, Komische Oper, Berlin, Premiere: 19. 12. 1987. Musikalische Leitung: Hartmut Haenchen, Bühnenbild: Hans Schavernoch, Kostüme: Eleonore Kleiber, Dramaturgie: Hans-Jochen Genzel, Abendspielleitung: Klaus-Dieter Müller, Regieassistenz: Angela Brandt, Sängerdarsteller: Jochen Kowalski (Orpheus), Dagmar Schellenberger-Ernst (Eurydike), Christiane Oertel (Amor)

1988

Salome von Richard Strauss, Text: Oscar Wilde, Richard Strauss, Übersetzung: Hedwig Lachmann und Hans W. Bakx, De Nederlandse Operastichting, Amsterdam, Premiere: 24. 2. 1988. Musikalische Leitung: Hartmut Haenchen, Bühnenbild/Kostüme: Wilfried Werz, Dramaturgie: Paul Op de Coul, Abendspielleitung: Monique Wagemakers, Regieassistenz: Bert Bijnen, Sängerdarsteller: Eva-Maria Bundschuh (Salome), Günter Neumann (Herodes), Helga Dernesch (Herodias), John Bröcheler (Jochanaan), Michael Rabsilber (Narraboth)

Lear von Aribert Reimann, Text: nach William Shakespeare eingerichtet von Claus H. Henneberg, Opernhaus, Zürich, Premiere: 5. 3. 1988. Musikalische Leitung: Michael Boder, Bühnenbild: Reinhart Zimmermann, Kostüme: Eleonore Kleiber, Mitarbeit Regie: Peter Ehrlich, Abendspielleitung: Gudrun Hartmann, Regieassistenz: Ulrich Senn, Sängerdarsteller: Werner Haseleu

(Lear), Werner Gröschel (König von Frankreich), Rudolf A. Hartmann (Herzog von Albany), Fritz Peter (Herzog von Cornwall), Ernst-August Steinhoff (Graf von Kent), Josef Dene (Graf von Gloster), Peter Keller (Edgar) Osvaldo di Pianduni (Edmund), Mani Mekler (Goneril), Patricia Stone (Regan), Jana Smitkova (Cordelia), Wolf Appel (Narr)

Boris Godunov von Modest Petrovič Mussorgskij, Text: nach Aleksandr S. Puškin, Übersetzung: Frans Lasson, Det kongelige Teater, Kopenhagen, Premiere: 16. 4. 1988. Musikalische Leitung: Michael Schönwandt, Bühnenbild: Reinhart Zimmermann, Kostüme: Reinhard Heinrich, Mitarbeit Regie: Peter Ehrlich, Dramaturgie: Eberhard Schmidt, Regieassistenz: Anne Fugl, Niels Pihl, Sängerdarsteller: Aage Haugland (Boris), Kim Janken (Fjodor), Solveig Lumholt (Xenia), Gurli Plesner (Amme), Ticho Parly (Schuiskij), Ib Hansen (Pimen), Stig Fogh Andersen (Grigorij), Jørgen Klint (Warlam), Hans Jørgen Laursen (Missail), Minna Nyhus (Wirtin), Kim von Binzer (Gottesnarr)

Der Ring des Nibelungen: Das Rheingold von Richard Wagner, Festspielhaus, Bayreuth, Premiere: 27. 7. 1988. Musikalische Leitung: Daniel Barenboim, Bühnenbild: Hans Schavernoch, Kostüme: Reinhard Heinrich, Abendspielleitung: Peter Ehrlich, Regieassistenz: Frank Sarnowski, Bettina Linder, Robert Lehmeier, Sängerdarsteller: John Tomlinson (Wotan), Bodo Brinkmann (Donner), Kurt Schreibmayer (Froh), Graham Clark (Loge), Linda Finnie (Fricka), Eva Johansson (Freia), Anne Gjevang (Erda), Günter von Kannen (Alberich), Helmut Pampuch (Mime), Matthias Hölle (Fasolt), Philip Kang (Fafner), Hilde Leidland (Woglinde), Annette Küttenbaum (Wellgunde), Jane Turner (Floßhilde)

Der Ring des Nibelungen: Die Walküre von Richard Wagner, Festspielhaus, Bayreuth, Premiere: 28. 7. 1988. Musikalische Leitung: Daniel Barenboim, Bühnenbild: Hans Schavernoch, Kostüme: Reinhard Heinrich, Abendspielleitung: Peter Ehrlich, Regieassistenz: Frank Sarnowski, Bettina Linder, Robert Lehmeier, Sängerdarsteller: Peter Hofmann (Siegmund), Matthias Hölle (Hunding), John Tomlinson (Wotan), Nadine Secunde (Sieglinde), Deborah Polaski (Brünnhilde), Linda Finnie (Fricka)

Der Ring des Nibelungen: Siegfried von Richard Wagner, Festspielhaus, Bayreuth, Premiere: 30. 7. 1988. Musikalische Leitung: Daniel Barenboim, Bühnenbild: Hans Schavernoch, Kostüme: Reinhard Heinrich, Abendspielleitung: Peter Ehrlich, Regieassistenz: Frank Sarnowski, Bettina Linder, Robert Lehmeier, Sängerdarsteller: Siegfried Jerusalem (Siegfried), Graham Clark

(Mime), Franz Mazura (Wanderer), Günter von Kannen (Alberich), Philip Kang (Fafner), Deborah Polaski (Brünnhilde), Anne Gjevang (Erda), Hilde Leidland (Waldvogel)

Der Ring des Nibelungen: Götterdämmerung von Richard Wagner, Festspielhaus, Bayreuth, Premiere: 1. 8. 1988. Musikalische Leitung: Daniel Barenboim, Bühnenbild: Hans Schavernoch, Kostüme: Reinhard Heinrich, Abendspielleitung: Peter Ehrlich, Regieassistenz: Frank Sarnowski, Bettina Linder, Robert Lehmeier, Sängerdarsteller: Reiner Goldberg (Siegfried), Bodo Brinkmann (Gunther), Philip Kang (Hagen), Günter von Kannen (Alberich), Deborah Polaski (Brünnhilde), Eva-Maria Bundschuh (Gutrune), Waltraud Meier (Waltraute), Anne Gjevang (1. Norn), Linda Finnie (2. Norn), Lia Frey-Rabine (3. Norn)

Der steinerne Gast (O: Kamennyj gost') von Aleksandr Sergejevič Dargomyžskij, Text: Aleksandr S. Puškin, Übersetzung: A. Bernhard, Komische Oper, Berlin, DDR-Erstaufführung: 29. 10. 1988. Musikalische Leitung: Rolf Reuter, am Flügel: Wolfram Krauß, Bühnenbild: Hans Schavernoch, Kostüme: Eleonore Kleiber, Dramaturgie: Joachim Großkreutz, Eberhard Schmidt, Abendspielleitung: Oliver Teichmann, Regieassistenz: Angela Brandt, Martin Balzer, Sängerdarsteller: Stephan Spiewok (Don Juan), Werner Haseleu (Leporello), Dagmar Schellenberger-Ernst (Donna Anna), Wolfgang Hellmich (Don Carlos), Christiane Oertel (Laura), Hans-Martin Nau (Ein Mönch), Manfred Hopp (Erster Gast), Klement Slowioczek (Zweiter Gast), Bernd Grabowski (Denkmal des Komturs)

Erwartung von Arnold Schönberg, Text: Marie Pappenheim, Komische Oper, Berlin, DDR-Erstaufführung: 29. 10. 1988. Musikalische Leitung: Rolf Reuter, Bühnenbild: Hans Schavernoch, Kostüme: Eleonore Kleiber, Dramaturgie: Joachim Großkreutz, Eberhard Schmidt, Abendspielleitung: Oliver Teichmann, Regieassistenz: Angela Brandt, Martin Balzer, Sängerdarsteller: Catherine Gayer (Die Frau)

Lady Macbeth von Mzensk (O: Ledi Makbet Mcenskogo ujezda) von Dmitrij Dmitrievič Šostakovič, Text: Dmitrij Dmitrievič Šostakovič und Arkadij Preiss, Übersetzung: Jörg Morgener und Siegfried Schoenbohm, Oper der Stadt, Köln, Premiere: 22. 12. 1988. Musikalische Leitung: James Conlon, Bühnenbild: Wilfried Werz, Kostüme: Christine Stromberg, Dramaturgie: Claus H. Henneberg, Regieassistenz: Andreas Homoki, Robert Tannenbaum, Sängerdarsteller: Aage Haugland (Boris), Jean van Ree (Sinowij), Marilyn Schmiege (Katerina Ismailowa), Günter Neumann (Sergej), Marita Knobel

(Aksinja), Martin Finke (Der Schäbige), Francisco Vergara (Verwalter), Robert Bork (Hausknecht), Erlingur Vigfusson, Werner Sindemann (Vorarbeiter)

1989

La Damnation de Faust von Hector Berlioz, Text: Hector Berlioz und Almire Gandonnière, De Nederlandse Opera, Amsterdam, Premiere: 10. 2. 1989. Musikalische Leitung: Hartmut Haenchen, Bühnenbild: Hans Schavernoch, Kostüme: Reinhard Heinrich, Choreographie: Roland Giertz, Mitarbeit Regie: Reinhard Heinrich, Abendspielleitung: Jan Bouws, Regieassistenz: Angela Brandt, Bert Bijnen, Sängerdarsteller: Barry McCauley (Faust), Jean-Philippe Lafont (Méphistophélès), Wout Oosterkamp (Brander), Hedwig Fassbender (Marguerite)

Anmerkungen

1 Harry Kupfer, in: Michael Lewin: ›Harry Kupfer‹, Europaverlag, Wien und Zürich, 1988, Seite 151
2 Theodor W. Adorno: ›Einleitung in die Musiksoziologie‹, V. ›Oper‹, Suhrkamp Verlag, Frankfurt/Main 1973, Seite 261
3 Ebd., Seite 254
4 Walter Felsenstein: ›Schriften zum Musiktheater, Methode und Gesinnung‹, Henschelverlag, Berlin 1976, Seite 118
5 Ernst Bloch über Otto Klemperer. In: Frankfurter Opernhefte 1973/74, Nr. 6, Seite 25
6 Harry Kupfer, in: Michael Lewin, a. a. O., Seite 329
7 Werkstattgespräch mit Harry Kupfer und Eberhard Schmidt, aufgezeichnet von Hans-Gerald Otto. In: Theater der Zeit, Heft 10/1978, Seite 47

Ausgewählte Bibliographie

I. Von Harry Kupfer

Kupfer, Harry: ›Etwas über realistisches Handeln in der Oper‹, in: Theater der Zeit, Berlin, Heft 10, Oktober 1972, S. 40–41

Kupfer, Harry und Eberhard Schmidt: ›Stufen der Welterkenntnis‹, Dialog über Mozarts Opernschaffen, in: Jahrbuch Musikbühne, Berlin, 1975, S. 17 ff.

Kupfer, Harry: ›Ensemblearbeit und moderne Oper‹, in: Theater der Zeit, Berlin, Heft 3, März 1976, S. 60–62

Kupfer, Harry und Walter Rösler: ›Durch Mitleid wissend ...‹, Gedanken zu einer *Parsifal*-Konzeption, in: Jahrbuch Musikbühne, Berlin, 1977, S. 147 ff.

Kupfer, Harry: ›Aufhebung des Ideals in der neuen Utopie‹, in: ›Mozart in der Komischen Oper‹, Beiträge zur Mozart-Rezeption anläßlich der Aufführung des Mozart-Zyklus 1987, hrsg. von der Dramaturgischen Abteilung der Komischen Oper (Hans-Jochen Genzel und Gerhard Müller), Berlin, 1987, S. 9–11

Kupfer, Harry: ›Was sich mit Menschen anstellen läßt‹, in: ›Mozart in der Komischen Oper‹, Beiträge zur Mozart-Rezeption anläßlich der Aufführung des Mozart-Zyklus 1987, hrsg. von der Dramaturgischen Abteilung der Komischen Oper (Hans-Jochen Genzel und Gerhard Müller), Berlin, 1987, S. 38–41

II. Über Harry Kupfer

Bachmann, Claus-Henning: ›Die Sinnlichkeit auf dem Theater‹, Opernarbeit mit Harry Kupfer (1): Gespräche und Probennotizen – *Salome*, *Figaro*, in: Deutsches Allgemeines Sonntagsblatt, Hamburg, 4. 10. 1987, S. 26

Bachmann, Claus-Henning: ›Das Leben verspielen‹, Opernarbeit mit Harry

Kupfer (2): Probenskizzen zu *Figaros Hochzeit* – und ein neuer Mozart mit *Don Giovanni*, in: Deutsches Allgemeines Sonntagsblatt, Hamburg, 11. 10. 1987, S. 24

Bachmann, Claus-Henning: ›Seiner Sache sicher‹, Opernarbeit mit Harry Kupfer (3): *Figaro*-Notizen aus der Werkstatt des Regisseurs, in: Deutsches Allgemeines Sonntagsblatt, Hamburg, 18. 10. 1987, S. 24

Ely, Norbert: ›Harry Kupfer – Hellsehen oder die Kritik der Vorstellungskraft‹, in: Stefan Jaeger und Norbert Ely: ›Regie heute‹, Musiktheater in unserer Zeit, Quadriga Verlag, Berlin, 1984, S. 161–182

Koch, Gerhard R.: ›Das Mystische ist realistisch‹. Ein Dresdner in Bayreuth: Harry Kupfer, der Regisseur des *Fliegenden Holländers*, in: Frankfurter Allgemeine Zeitung, 22. 7. 1978

Koch, Gerhard R.: ›Inszenator von Musiktheater‹, in: Frankfurter Allgemeine Zeitung, 10. 9. 1986

Kranz, Dieter: ›Brücke vom Damals zum Heute‹. Harry Kupfers Musiktheater in fünf Beispielen, in: Oper heute, Berlin, 1986, S. 91–110

Kranz, Dieter: ›Ich muß Oper machen‹. Der Regisseur Harry Kupfer. (Kritiken, Beschreibungen, Gespräche), Henschelverlag, Berlin, 1988

Lewin, Michael: ›Harry Kupfer‹, Europaverlag, Wien/Zürich, 1988

Meyerhofer, Konstanze (Hrsg.): ›Harry Kupfer inszeniert an der Komischen Oper Berlin‹. Theaterarbeit in der DDR, 11. Hrsg. vom Verband der Theaterschaffenden der DDR, Berlin, 1985

Plagemann, Bernd: ›Mut zum Experiment‹. Der Regisseur Harry Kupfer, in: Opernwelt, Zürich, Heft 3, März 1978, S. 42

Pluta, Ekkehard: ›Harry Kupfer‹, in: Opernwelt, Zürich, Heft 7, Juli 1976, S. 22

Püschel, Ursula: ›Bei Mozart zu Hause‹, in: Neue Deutsche Literatur, 35. Jahrgang, Berlin, Heft 5, Mai 1987, S. 56 ff.

Schulz, Christine: ›Heißen Atem für Probleme unserer Zeit erzeugen‹. Ein Werkstattgespräch mit Harry Kupfer, in: Neue Zeit, Berlin, 1. 11. 1985

Seeger, Horst: ›Ein Dokument der Frühzeit‹, Harry Kupfers Diplomarbeit (1957), in: Oper heute, Berlin, 1986, S. 81–90

III. Gespräche mit Harry Kupfer

Bachmann, Claus-Henning: ›Das Ende der Aufklärung‹, Gespräch mit Harry Kupfer über *Die Zauberflöte*, in: Österreichische Musikzeitschrift, Wien, Heft 5, Mai 1986, S. 225–233

Butter, Martin G.: ›Suchen, wo Zündstoff liegt für ein heutiges Publikum‹, in: Tribüne, Berlin, 30. 10. 1981
Duhm-Heitzmann, Jutta: ›Größe im Scheitern? Humanes Leben ist möglich unter dem Aspekt umfassender Liebe‹. Gespräch mit Harry Kupfer über den Bayreuther *Ring*, in: Bühnenkunst, Stuttgart, 2. Jahrgang, Heft 4, Oktober 1988, S. 18–21
Fabian, Imre: ›Die Zeitlosigkeit des Stückes in eine Zeitlichkeit legen, die unsere ist‹. Gespräch mit dem *Ring*-Regisseur Harry Kupfer, in: Opernwelt, Zürich, Heft 8, August 1988, S. 9–13
Flieder, Paul: ›Denken, nicht provozieren!‹ DDR-Regiestar Harry Kupfer über Theater und deutsche Frage in der Oper, in: Die Deutsche Bühne, Remagen, Heft 3, März 1981, S. 13–15
Fuhrmann, Peter: ›Steil nach oben – und doch in der Zange‹. Gespräch mit Harry Kupfer, dem Chefregisseur der Komischen Oper, Ost-Berlin, in: Neue Musikzeitung, Regensburg/München, Heft 6/7, Juni 1981, S. 3
Halasz, Gabor: ›Das Interview – Harry Kupfer‹, in: Opernwelt, Zürich, Heft 12, Dezember 1982, S. 26–27
Kliemann, Vera: ›Linie zum eigenen Stil mit vielen Krümmungen‹. Gespräch mit dem Chefregisseur der Komischen Oper Berlin Harry Kupfer, in: Sächsische Zeitung, Dresden, 30. 4. 1987
Koban, Ilse: ›Der Hinweis auf die Notwendigkeit größerer Veränderungen‹ – Aufzeichnungen auf dem *Freischütz*-Colloquium des Theaterverbandes; Teilnehmer u. a. Harry Kupfer, Eberhard Schmidt, Ruth Berghaus, Götz Friedrich; in: Theater der Zeit, Berlin, Heft 10, Oktober 1971, S. 35–40
Kranz, Dieter: ›Erben – aber wie?‹, in: Theater der Zeit, Berlin, Heft 11, November 1985, S. 18–19
Kranz, Dieter: ›Humanität und ihre Gefährdung‹. Gespräch mit Harry Kupfer über den Mozart-Zyklus, in: Theater der Zeit, Berlin, Heft 12, Dezember 1987, S. 18–19
Kynaß, Hans-Joachim: ›Poetisches Musiktheater für unsere Gegenwart‹. Gespräch mit dem Dresdner Operndirektor Prof. Harry Kupfer, in: Neues Deutschland, Berlin, 5./6. 4. 1980
Lange, Wolfgang: ›Regisseure im Gespräch: Harry Kupfer‹, in: Theater der Zeit, Berlin, Heft 6, Juni 1979, S. 32–35
Lange, Wolfgang: ›Musiktheater, das die Menschen bewegt‹, in: Sonntag, Berlin, 25. 1. 1981
Otto, Hans-Gerald: ›Werkstattgespräch mit Harry Kupfer und Eberhard Schmidt‹, in: Theater der Zeit, Berlin, Heft 10, Oktober 1970, S. 47–52
Rösel, H.: ›Wagners poetische Gleichnisse – Zündstoff fürs Publikum‹. Ein

Gespräch mit Dresdens Operndirektor Prof. Harry Kupfer, in: Sächsische Zeitung, Dresden, 5. 9. 1978
Rösler, Walter: ›Parsival redivivus‹. Gespräch mit Harry Kupfer, in: Theater der Zeit, Berlin, Heft 10, Oktober 1977, S. 49–51
Thiel, Klaus: ›Pläne, Konzeptionen, Methoden‹. Gespräch mit Harry Kupfer, in: Theater der Zeit, Berlin, Heft 10, Oktober 1975, S. 28–30
Werner-Jensen, Arnold: ›Harry Kupfer‹, NZ-Serie Zeitgenossen: Das aktuelle Porträt, in: Neue Zeitschrift für Musik, Mainz, Heft 11, November 1982, S. 31–36
›Überraschendes Theater machen, den Nerv der Zeit fühlen‹. Ein Rundtischgespräch mit Harry Kupfer, Werner Rackwitz, Rolf Reuter und Hans-Jochen Genzel, in: Theater der Zeit, Berlin, Heft 12, Dezember 1987, S. 12–16

Danksagung

Für die Mithilfe und die Unterstützung bei der Materialbeschaffung möchte ich mich bedanken bei Henrietta Bredin, Anne Fugl, Birgitt Haberecht, Andrej Hack, Mathis Huber, Konstanze Meyerhofer, Wolf-Dieter Peter, Hellmut Reinike, Bernd P. Schaul, Andreas Voß und Margot Wössner. Mein besonderer Dank gilt Peter Thanner und Eberhard Schmidt, deren Engagement mir vieles erleichtert hat.

Rupert Lummer

Fotonachweis

Bayreuther Festspiele GmbH/Rauh, Seiten 38/39
Erwin Döring, Seiten 16/17, 19, 120/121
Arwid Lagenpusch, Seiten 22/23, 25, 48, 55, 58, 83, 87, 109, 112/113, 123, 138/139
Paul Leclaire, Seiten 92, 97, 131, 146
Jaap Pieper, Seiten 64/65, 80
Joachim Thode, Seiten 70/71

Die Herausgeberin und der Fischer Taschenbuch Verlag danken allen Rechteinhabern für die Abdruckgenehmigung.

REGIE IM THEATER

Günther Erken
Hansgünther Heyme
Herausgegeben von Claudia Balk
Fischer Taschenbuch Band 7124

Hansgünther Heyme ist einer der wenigen Regisseure, die bereits seit mehreren Jahrzehnten die bundesdeutsche Theatergeschichte nachhaltig beeinflussen und prägen. Sein Name ist untrennbar verbunden mit politisch engagiertem Theater und innovativen Klassikerinszenierungen. Der Theaterwissenschaftler Günther Erken hat Interviews mit Heyme und drei langjährig mit ihm verbundenen Bühnenkünstlern sowie einige Essays von Heymes Mitarbeitern zu einem Porträt zusammengestellt.

REGIE IM THEATER

Mechthild Lange
Peter Zadek
Herausgegeben von Claudia Balk
Fischer Taschenbuch Band 7125

Peter Zadek ist eine der schillerndsten Persönlichkeiten unter den deutschen Regisseuren der letzten Jahrzehnte.
Ihm ist das Buch der Journalistin Mechthild Lange gewidmet, die zur Zeit als leitende Dramaturgin am Deutschen Schauspielhaus in Hamburg tätig ist.
Aus Interviews mit Peter Zadek und einigen seiner Mitarbeiter sowie Essays hat die Autorin ein vielschichtiges Porträt des Regisseurs zusammengestellt.

fi 755/2